印象贻贝

主　编：宋文东　纪丽丽　姜东娇
副主编：王亚宁　郭　敏　蔡　璐　郭　健　应知伟

海洋出版社

2018年·北京

图书在版编目(CIP)数据

　　印象贻贝 / 宋文东, 纪丽丽, 姜东娇主编. —北京:海洋出版社,
2018.7

　　ISBN 978-7-5210-0142-6

　　Ⅰ.①印… Ⅱ.①宋… ②纪… ③姜… Ⅲ.①贻贝科－贝类养殖－
养殖业－概况②贻贝科－食品工业－概况 Ⅳ.①F316.41②F416.82

　　中国版本图书馆CIP数据核字(2018)第148734号

责任编辑：赵　武　黄新峰
责任印制：赵麟苏

海洋出版社 出版发行

http://www.oceanpress.com.cn

北京市海淀区大慧寺路 8 号　　邮编：100081
北京朝阳印刷厂有限责任公司印刷　　新华书店北京发行所经销
2018年7月第1版　　2018年7月第1次印刷
开本：787mm×1092mm　1／16　印张：12
字数：230千字　定价：78.00元

发行部：010-62132549　　邮购部：010-68038093　　总编室：010-62114335
海洋版图书印、装错误可随时退换

目　录

第一章

贻贝初探秘

一、心"贻"嵊泗

贻贝，舟山人多称之为"淡菜"，别名海虹（红）、红蛤、东方圣女、壳（qiào）菜等，是嵊泗人心中的"东海夫人"，这个雅号最早记载于宋版《定海县志》。根据考证，采集野生贻贝供人类食用、交易，在舟山嵊泗已有悠久的历史。嵊泗列岛地处我国18000千米大陆海岸线的中心点上。先民究竟是如何开始在嵊泗诸岛上采集贻贝的，虽然无明确史料引述，但在当地，一直流传着的"贻贝和岛猴"的传说，从侧面印证了嵊泗诸岛贻贝生殖与开采生产的原始状况。

1. 贻贝和岛猴的传说

相传在上古时期，嵊泗诸岛从大陆变成海中洲、浪从岛之初，岛上的先民通过上山打猎采果和下海捕鱼捉虾，就能维持生计，山里的猴子则依靠野果为食，后来受气候变化影响，岛上林木品种渐少，猴子们的食物骤减，发生了严重生存危机。于是，饥饿的猴群从已没有野果可供摘食的山林来到海岸边，寻觅果腹的食物。

这群猴子在岛礁潮间带跃来窜去，在礁岩上茂密生长的贻贝、牡蛎、佛手、藤壶及羊栖菜、裙带菜中寻觅食物。忽然，有一只眼尖的猴子，发现了礁石上有几只后来被先民们叫做贻贝的海贝，张开了两片厚厚的壳，露出似橘红、似橙黄、似白玉的贝肉，显得那么鲜嫩欲滴，那只眼尖的猴子首先跃扑过去，飞快地用尖利的爪子挖出黑贝壳中的贝肉，投入口中。这只猴子吃了贻贝肉，感受到了从未尝到过的鲜爽美味，"吱吱""吱吱"地发出了欢快的叫声，另一些猴子看到这情形，也瞄准张开了两片乌黑发亮硬壳的贻贝，抓食其贝肉。据传说贻贝肉芯子里一绺棕黑色的毛就是岛猴为了挖淡菜的肉芯，而被贻贝夹掉的一截尾巴……

其实，不管是岛上猴子效仿先民采食贻贝，还是先民受猴子采食贻贝之举启发而开始采获贻贝食用，这则"贻贝与岛猴"的传说，一直流传。直到民国初期，岛上的几位老渔人、老樵夫，还曾看到猴子采食海礁上的贻贝，因其爪尖被贻贝快速闭合的硬壳所夹而痛得"吱吱"直叫的情景。

2. 古老的御用贡品

其实，嵊泗列岛上采收贻贝并加工成干品输出岛外的历史也是十分悠久的。根据地方文献记载，唐朝时，嵊泗贻贝制成的贻贝干品就因其质量上乘，被时称翁山县的舟山官府选作进贡朝廷的御供珍品，呈送京城，史称"贡干"或"贡淡"，历代不衰。

到明代，嵊山、壁下山（即陈钱山、下巴山）等诸岛上的贻贝采获已具相当规模。据公元1522—1566年（明代嘉靖年间）著名的抗倭儒将郑若曾所著《酬海图编》之"御海洋"一节文中所述，"曾尝亲至海上而知之。向来定海、奉象一带，贫民以海为生，荡小舟至陈钱、下巴山取壳肉、紫菜者，不啻万计"。由此可见当时嵊山诸岛上采获"壳肉"即壳菜—贻贝的规模之盛大。同时，这些来自镇海、奉化、象山等地的沿海渔民把经过加工的嵊泗贻贝干带回了浙东沿海地区乃至更远的杭州和江西、江苏、福建一带销售，使得嵊泗贻贝的清香远飘四方。

3. 东海夫人之美名

李时珍在《本草纲目》中记载："淡以味，壳以形，夫人以似名。"最早可以查到的文献记载于唐朝陈藏器的《本草拾遗》中，藏器曰："东海夫人，生东南海中。似珠母，一头尖，中御少毛，味甘美，南人好食之。"诜曰："常时烧时即苦，不宜人。与少米先煮熟，后除去毛。再入萝卜，或紫苏，或冬瓜同煮，即更妙。"《日华》曰："虽形状不典，而甚益人。"《定海厅志》亦云："淡菜，形如珠母，甚益人。"在东海的众多贝类中，唯有淡菜称之夫人，这是什么缘故呢？

据传，在浩瀚的大海里有座水晶龙宫，龙宫的主人就是敖广。有一年，东海龙母生下个小龙女。诞生之日，满海红光，灿如朝霞。天降百鸟而翱翔，水族列队而朝贺，连南海的合浦皇后也送来一颗五彩珠母作为小龙女的贺礼。东海龙王更是对小龙女百般宠爱，取名海红，东海龙王视之为掌上明珠。

星转斗移，转眼间，小龙女已长大到一十八岁。只见她脸似艳月，眼若晨星，黛眉含春，玉牙吐香，亭亭玉立，而且天性活泼，纯洁善良，如天仙一般，被称为东海仙子。

俗话说："二月二，龙抬头。"这一天是龙宫开禁的日子，小龙女与黄螺使女一起游春来了。这可是东海仙子第一次出海，人间的一切对她来说都很新奇。正当她欣赏人间美景时，黄螺突然变了颜色，连声说："公主，快躲起来吧，有人来了！"东海仙子慌忙中没了主意。她想起胸前挂着的那件宝贝是合浦皇后所赠，于是变成了一颗无壳的珠母，黏附在礁壁上。

来人是一个渔家后生。姓贝，叫贝郎。近日，海岛上流行一种怪病，患者大口吐血并腹泻不止。前不久，他的老母也染上此疾，并日渐病重。为让病中老母吃些海鲜，他趁初二大潮前来礁上采贝，想不到与出海游春的小龙女相遇了。

贝郎看见礁壁上有个从未见过的海贝在那里闪光。嫩黄色的肉芯，水汪汪的珠泪，还有那晶莹透亮的乳白色胴体，美艳可爱极了！他赶快上前把她采了下来，放在一只小瓦罐里。黄螺使女见状大惊，她只得趁贝郎不注意时，悄悄地遁入海中去向龙王报信。

贝郎回到家中，把那些香螺、佛手煮了供病中老母食用。他见珠母幼小可爱，不忍伤害，就把她养在门外道地的一只海水缸里。夜里，东海仙子正筹谋脱身之计，忽闻室内传来痛苦的呻吟声。她深感惊异，出于好奇，化身一妙龄少女，透过门缝朝内观看。只见室内微弱的灯光下，有个老妪半卧于床上，侧身向外大口地吐血，贝郎一边为老母搓胸揉背，一边喃喃自语不停地祈祷，脸上布满惊恐状。

见此情景，顿使小龙女萌生悯爱之心。她略作思索，就上前敲门。贝郎开门一看，见是个陌生女子，浑身湿漉漉的，好像落水的人刚上岸一般。贝郎深感意外，忙问："不知姑娘，所为何事？"

小龙女临时编了一套身世说道：自己本是闽南名医之女，名为淡菜。一月前随父乘船到姑苏会师行医。谁知船到此处，触礁落海，父亲生死不明，而她却靠着一块船板，侥幸地死里逃生来到小岛。因深夜上岸，故前来敲门借宿。贝郎见她可怜，只是陋室一间难以安置："淡菜姑娘，老母病重，你我又是孤男寡女，实难收留。"

小龙女趁机问道："不知伯母所患何疾？有否医治？"

贝郎就把老母的病情细说了一番。小龙女道："无妨。我有珠母灵丹，能治此疾。"说罢，就把挂在胸前的珠母放入锅中，和些清水煮沸后以珠母汤喂其母喝下，贝母顿感心胸舒畅，吐出一摊淤血，病情似乎好了一半。贝郎见此，疑是天上仙子下凡，喜悦和感激之情难以言表。

当然，那晚小龙女就留宿在贝家。因贝母之病需长期调养，小龙女又无亲可投，也就当作亲人一般住了下来。何况，左邻右舍闻讯求医者，陆续不绝，更使小龙女乐此不疲，难以脱身。村里的病者都渐渐痊愈，淡菜仙子的美名也因此传扬开来。

日月如梭，转眼间三年过去了。在共同的生活中，小龙女与贝郎相敬相爱，产生了感情，在第三个龙抬头的日子里，他们成亲了。东海仙子从此变成了东海夫人。

俗话说："龙宫一日，人间一年。"小龙女在人间三年，在龙宫即为三天。当黄螺使女回宫报信之时，龙王大为震惊。小龙女居然被渔郎当作贝类采去，凶多吉少。龙王发出十万火急令牌，命龟相蟹将以及众水族四处打听，当打听到贝郎居住的小岛，就命黄螺侍女送信给小龙女，叫她到龙牙礁相见。

此时，东海夫人深知大难临头了。但她怕父命难违，更怕龙王加害贝郎与乡亲。为此，小龙女留下一张条子给出海的丈夫，匆匆赶往龙牙礁。

一见面，父女俩抱头痛哭一番，互诉别后思念之苦。继而，东海夫人告知别后一切。龙王听了，脸孔铁青。当他得知小龙女与异类贝郎成亲并暗结珠胎，不禁龙须飞喷，暴跳如雷。

龙王大怒："你你你……你好大胆。你可知龙宫禁规，龙女若与异类成亲，该当何罪？"

龙女道："剥去龙鳞，逐出龙宫。罚为最下贱的贝类，永遭水冲浪打，日晒雨淋！"

"好！"龙王横下一条心："你既然明知故犯，本王只好成全你。为了整肃龙纲，就让你永远与礁石为伴，珠母为身吧！"说罢，残忍的龙王一挥手。一声惊天霹雳的雷电声中，龙女现了真身并被剥去龙鳞，化作一颗裸身而灿烂的珠母，遗留在礁石缝中。

这时贝郎飞舟来救，但为时已晚。为了龙女三年深情，贝郎坠海而亡，化为一个黝黑色的贝壳，此事感动了南海观音。观音对善财道："这是多么难得的一对情侣呀！"为了实现贝郎的心愿，观音施法把贝郎身躯羽化的贝壳，紧紧地将小龙女的珠母包裹起来，使之不再日晒雨淋，免去水冲浪打之苦，此时夫妻连体，相伴永生也！

海人道："贝，贝郎也。贻即怡，欢悦也。"贻贝，则为快乐而痴情之贝。从此淡菜又名贻贝，被世世代代的嵊泗人尊称为"东海夫人"。因此甬上诗人曾幽默地说："应是龙宫多嬖妾，故将一品锡嘉名"，意思是说大概由于龙宫后宫太多了，所以才将贻贝封为一品夫人的。因为贻贝在海水中喜欢栖居于"石根"深水区，所以又有了"白红二种石根生，水愈深时产愈精"的说法。这些传说佳话和历史都为如今贻贝文化的活化石。

二、"青"名显赫，"虹"扬四海

贻贝的叫法有很多，北方人多称这种外表呈紫色或者烤蓝色的贝壳为海虹（红），之所以叫海虹是因为它的内壳有一层灰白色光滑釉质层——珍珠层，在阳光的照射下会发出斑斓的七彩颜色，如彩虹般艳丽；南方人多称其为淡菜、壳（qiào）菜，是因为贻贝在煮熟干制过程中，无须加盐，却依旧味美鲜香；欧洲等国家多称青口（Moules），荷兰语中它的名字叫做 moessle，是因为欧洲市场上有一种外壳呈翠绿青色的贻贝。

贻贝（Mytilidae）属海洋软体动物门，双壳纲贻贝目。该目的种类广泛分布于世界各地，是南北两半球较高纬度分布的种，但一般寒带、温带、热带水域都有它们的踪迹，绝大多数的贻贝为暖水性种，尤以亚热带的种类，特别是在北欧、北美数量最多。同时这一目的种类绝大多数为海产，只有极少数栖息在淡水河流和湖泊中，该目多数垂直分布在潮间带或低潮线附近，至 1997 年，全世界范围内的贻贝目总数达 1100

余种，中国贻贝目的种类已发现的有 73 种（其中 1 种为淡水分布，沼蛤），在我国沿海，北自渤海黄海，南至南海，包括北部湾、南沙、西沙及东沙群岛都有贻贝目种类分布，而且有些种生长数量相当大，占着绝对的优势。在黄渤海生长着 15 种贻贝目动物，其中紫贻贝是此海区的优势种（见图 1-1）；东海的贻贝目动物有 40 种，占全国贻贝总数的 56%，其中优势贻贝为厚壳贻贝（见图 1-2）；南海共发现贻贝 61 种，占全国总数的 85%，其中优势种为翡翠贻贝（见图 1-3）。

图 1-1　紫贻贝（1）

图 1-2　厚壳贻贝（1）

图 1-3　翡翠贻贝（1）

　　贻贝因其个性温柔，无论刚采收的新鲜贻贝，还是处理晒干的淡菜，或是颗粒冻品，都能在锅中充分还原海洋的鲜咸味，同时又因其一簇一簇的生长在海底的石缝中，非常容易获取，价格也很亲民。欧洲人温柔的称贻贝为"The poor man's oyster（穷人的生蚝）"，这也恰恰说明了青口在欧洲脍炙人口的地位；在比利时，青口是引以为傲的"国菜"，甚至被尊为"黑色金子"，总之在欧洲的青口就像中国的小龙虾一样家喻户晓，提到青口，就像提到麻小儿一样让人心动不已。

1. "贻"彩纷呈——行走的贻贝

　　与雌雄同体、随时转换性别的变态生蚝不同，贻贝属于雌雄异体的正常海生软体双壳类的贝类，身体构造类似于牡蛎、蚌等海洋贝类，但是它的左右两个外套膜除了在背面连接以外，在后端还有一点愈合，所以在后面背方形成一个明显的排水孔。同时在外套膜的后腹面的边缘生有很多分枝状的小触手，通过贻贝身体的水流，就是从这些生有触手的外套膜之间流入外套腔内，然后经过鳃到身体背部由排水孔排出来。贻贝便是利用这些流经身体的海水进行呼吸和循环，同时利用水流带进体内的微小生物做食物。每年到了贻贝性成熟季节，大量的贻贝聚集在海洋浅水区的潮汐带内繁衍后代，为了防止被海浪冲走，贻贝体内会分泌出一种黏性极强的胶蛋白质吸附在礁石、船体或者海藻上并迅速硬化固定，以便固着于澄清的浅海海底岩石上或船体上，这种蛋白质叫做足丝，贻贝的足退化呈棒状，一般呈紫褐色，位于内脏块腹部而稍偏前方。足的背侧有几束肌肉牵引，斜前方的（左右各一束）为前足丝收缩肌（见图1-4）。由于这些肌肉的伸缩，使足做各种运动。同时贻贝的足是短距离爬行、探索和分泌足丝的器官，足基部后下方有分泌足丝的足丝腺，其开口为足丝孔。贻贝进行附着时，先伸出足丝进行探索，找到适宜的附着基时，足丝腺便可分泌足丝液，足丝液与海水相遇，变成足丝，用以附着（见图1-5）。一经被贻贝放射出就会迅速氧化变为极其强韧牢固的纤维。在清洗贻贝的时候，见到一丝丝的类似渔网或者毛发的东西就是足丝，如果遇到环境变化，贻贝还能使足丝脱落，进行较大范围的活动，在新的适宜环境分泌新的足丝，重新固着，故也称贻贝为"行走的贻贝"（见图1-6）。

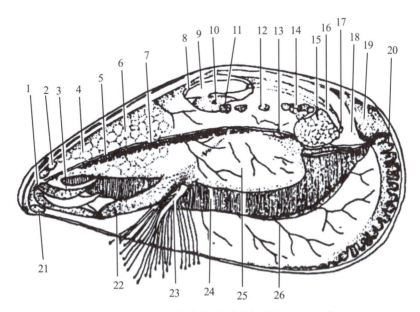

图1-4 贻贝的内部构造（引自谢忠明，2003）

1—口；2—前缩足肌；3—内唇瓣；4—胃；5—外套痕；6—消化盲囊；7—肾脏；8—围心腔；9—心室；10—心耳；11—缩足肌；12—中缩足肌；13—生殖乳突；14—后缩足肌；15—后闭壳肌；16—直肠；17—肛门；18—排水腔；19—排水孔；20—外套膜缘及触手；21—前闭壳肌；22—足；23—足丝；24—右鳃；25—腹嵴；26—右侧外套膜

图1-5 贻贝利用足丝附着

图1-6 贻贝足丝

<u>贻贝的名称</u>

贻贝，又称青口，在我国北方俗称海虹，它的干制品呼做淡菜，取其烹制不加盐之意。古人还赋予了它一个美丽的名字——东海夫人。在比利时，它被称为"黑色金子"。

<u>为什么有的贻贝肉色偏白，有的为黄色？</u>

贻贝是雌雄异体的，繁殖期随种类和地区不同。雄体的颜色是黄白色，雌体的颜色较深为橙黄色。

<u>贻贝上长的草是什么？</u>

那是贻贝的足丝。足丝的主要作用是把贻贝锚定在海底岩石或其他地方。而外壳上的"草"，则是其他贻贝的足丝。因为大量贻贝盘踞生活在一起，足丝密密麻麻延伸出去，难免就会把足丝伸到其他贻贝的外壳上去。

2.贻贝的分类

贻贝因其种类不同，贝壳所表现的光彩和体长有所不同，因而也成为辨别贻贝最主要的判断条件，目前我国沿海养殖的贻贝主要有紫贻贝、厚壳贻贝、翡翠贻贝三种。紫贻贝在我国北部沿海居多，尤其是在大连、山东等地，在退潮的时候，沿海岩岸以及码头、堤坝的石壁上都可以见到密集的贻贝。厚壳贻贝自日本沿海至我国的浙江、福建厦门沿岸都有分布，浙江沿岸产量较大。翡翠贻贝是我国南海的种类，自我国的厦门以南至广东沿海到越南、菲律宾都有分布。

紫贻贝（见图1-9，图1-10），北方人多叫做海虹的贻贝，壳呈楔形，顶端尖，腹缘略直，背缘弧形，一般壳长6～8厘米，个别会长到12厘米，外表呈紫褐色或烤蓝色，内壳呈紫黑色或黑色，有一层灰白色光滑釉质层——珍珠层。多生活在浅海，以足丝附着岩礁上。为贻贝家族中最美味的品种，最佳食用季节是1—2月或8—10月。在我国主要分布于北部沿海，地中海沿岸的意大利、法国等也均有紫贻贝产出。

厚壳贻贝（见图1-2，图1-10），贝如其名，外壳要比紫贻贝厚许多，体型也较紫贻贝大，呈现黑红色或者深棕色，是紫贻贝的近亲贝类。壳体外形为长楔状，壳顶锥尖，呈大楔形，顶部常被磨损而呈白色，生长纹明显，贝壳内面多呈蓝色，具有珍珠光泽，绕壳后缘至腹缘的末端有一个宽黑色边缘，一般壳长12厘米，个别会长到16厘米。味道相比北方贻贝淡，肉质也比较粗，最佳食用季节为11—12月。主要分布在浙江、福建沿海一带，为当地的主要经济品种。同时在台湾、西北太平洋的日本北海道、韩国的济州岛等地也有大量产出。

翡翠贻贝（见图1-7，图1-11），因其贝壳颜色呈现翡翠一样翠绿色而得名，是欧洲人常说的青口贝，而台湾地区则把它叫做"绿壳菜蛤"、"孔雀贝"或者"青匙"，它还有一个优美动听的俗名，叫做"彩恋"，是因为其翠绿色的壳体和内壳在阳光下，能反射出五彩斑斓的颜色。翡翠贻贝与前两种贻贝的亲缘关系比较远，属于另外特殊的贻贝品类，翡翠贻贝壳大而坚实，略呈楔形，壳顶尖而稍弯曲，略似鸟嘴形，壳面光滑，翠绿色，前半部常呈绿褐色，生长纹细密，前端具有隆起肋，壳内面呈瓷白色，或带青蓝色，珍珠层较厚，有珍珠光泽，足丝细软呈淡黄色。壳长达13～14厘米，为壳高的2倍。一般自低潮线附近至水深20米左右都有分布，但以5～6米处生长较密集。翡翠贻贝肉质醇厚鲜美，因为水质的原因，含有丰富的牛磺酸，口味更加鲜嫩，最佳食用季节为每年的5—6月、11—12月。在我国主要分布在东海南部及南海，除我国福建、广东、广西、台湾以外，还分布在菲律宾和马来西亚、新西兰、冰岛等国家沿海。

图1-7　翡翠贻贝（2）

图1-8　紫贻贝（2）

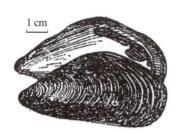

图 1-9　紫贻贝 (3)　　　　图 1-10　厚壳贻贝 (2)　　　　图 1-11　翡翠贻贝 (3)

图片来自：海水贝类养殖技术 王昭萍

三种养殖贻贝的外形区别如表 1-1。

表 1-1　三种贻贝形态对比

形态内容	紫贻贝	厚壳贻贝	翡翠贻贝
壳色	黑色、紫褐色	棕黑色	翠绿色
壳顶	圆钝	尖锐、近30°角	喙状
壳长/壳高	<2	约等于2	约等于2
前闭壳肌	小	小	无

数据来源：海水贝类养殖技术 王昭萍

3. 贻贝的生活习性

贻贝科动物繁多，分布广泛，少数分布于淡水，大多数生活于海水中，而且寒带、温带和热带海域中都有分布（表 1-2）。

表 1-2　我国三种养殖贻贝分布

分布	紫贻贝	厚壳贻贝	翡翠贻贝
水平分布	黄海、渤海	黄海、渤海、东海、台湾海峡	东海以南南海
垂直分布/米	低潮线～10余米，0.7～2米处最多	低潮线～20余米，5～10米较多	1.5～8米
水温要求/℃	−2～29	3～30	11～33
最适温度/℃	13～26	18～28	20～30
盐度	广盐性种类，适盐范围18～32，最适范围30左右	广盐性种类，适盐范围9.2～34，最适范围19.5～31.4	狭盐性种类，30以上
浊度/米（最小透明度适应范围）	0.5～1.0	3.5～5.0	1.0～2.0

数据来源：海水贝类养殖技术 王昭萍

　　贻贝有群聚的习性，为单体组成的群落群体栖息，相互附着成群生活自然群体密度高达 1000 个 / 平方米，采苗密度多达 2 万个 / 平方米。多喜群栖在潮流急速、盐度稍高、水质澄清的海区，岩礁、石块、码头、防波堤、木桩、缆绳、船底、浮标等都可以成为贻贝的附着基。用足丝附着在固形物上，营附着生活。贻贝有缓慢的移动能力，这种现象常见于幼小的稚贝，一般壳长 600 ～ 700 微米的稚贝有从附着基下方向上移动的习性，壳长 900 ～ 1 500 微米以后，稚贝会脱离附着基，利用气泡和足在水面漂浮，遇到合适场所就再次附着。此时，因环境变化还会再脱落再附着，壳长 3 毫米以上才会完全固定下来，其中，再附着是一种减少稚贝与成体竞争和调整过密的机制。贻贝的成体在适宜的环境中一般不移动，当外界环境对其不利时，会折断足丝移往别处，重新分泌新足丝附着。温度和盐度都会在不同作用上影响贻贝的足丝分泌，最适盐度和温度范围内贻贝足丝分泌旺盛，附着力强，但贻贝对温度和盐度适应能力随种而异。紫贻贝对低温的适应能力很强，在潮间带的种群可忍受 −10℃的低温；对高温适应能力较差，夏季水温达到 30℃时，可造成大批死亡。紫贻贝生长最适温度是 14 ～ 23℃，5℃以下或 23℃以上几乎停止生长。紫贻贝和翡翠贻贝均属于广盐性种类，可以在盐度为 18 ～ 32 的海水中生存，最适盐度是 30。对低盐度海水的适应能力较差，低于 16 时，会出现不正常现象；低于 135 时，能引起部分死亡；下降到 10 时，3 天内就全部死亡；翡翠贻贝的适盐范围 9.2 ～ 34，最适范围 19.5 ～ 31.4，低于或高于最适盐度值都会影响翡翠贻贝的适应能力，厚壳贻贝属于狭盐性种类，对海水盐度要求较高，盐度必须在 30 以上，才能正常生存。但是贻贝耐受低溶解氧的能力很弱，紫贻贝成体在海水氧压比饱和值下降 20% 时，不活动，呈麻痹状态，幼体对缺氧更敏感。

　　贻贝是滤食性动物，滤食方法是较被动的，对食物的选择性较差。贻贝主要摄取海水中微小的浮游生物，常见的有：圆筛藻、硅鞭藻、舟形藻、盒形藻、双尾藻、直链藻、角毛藻、菱形藻等，此外还有少量的原生动物、贝类幼体、细菌和有机碎屑等。贻贝的食物组成有地区性和季节性，随着海区浮游生物组成的变化而不同，大小在 10 ～ 30 微米的浮游生物都是贻贝的良好饵料。贻贝对于水质的要求不严格，抗污染能力很强，在渔港、码头油污脏物较多的情况下，依旧能正常生长，甚至在海水中溶解氧低于 1 毫克 / 升、氨态氮高于 400 微克 / 立方米的恶劣条件下，仍能够短期生存，三种贻贝相比，翡翠贻贝对于水质的要求相对要严格些。贻贝的滤食能力很强，在常温下，壳长 50 ～ 60 毫米的紫贻贝每小时能过滤 3.5 升海水，24 小时能过滤 45 ～ 56 升海水。因此贻贝的生长速度也较快。是海产贝类生长最快的种类之一，我国采集的最大紫贻贝标本个体，壳长达到 15 厘米，贻贝寿命 10 年左右，值得一提的是，在三种养殖贻贝中，翡翠贻贝滤食能力最强，因此，其生长速度也是最快。

图 1-12　幼贝

图 1-13　贻贝吐卵

关于贻贝的繁殖（表 1-3），贻贝一般为雌雄异体，少数雌雄同体，从性腺颜色能区别性别。雌贝性腺呈橘红色或橙黄色，雄贝性腺呈乳白色或淡黄色。成熟的性腺分布在内脏团、腹嵴、外套膜上。贻贝的繁殖季节随种类和地区而异，在辽宁，紫贻贝的繁殖期为 4—6 月，5—6 月是繁殖盛期，1 年繁殖 1 次；在青岛、烟台，繁殖期从 10 月至翌年 5 月，繁殖盛期是 4—5 月和 10—11 月，1 年繁殖 2 次。贻贝为多次成熟多次排卵，雌贝一次产卵量可达 2500 万粒（见图 1-10，图 1-11）。紫贻贝繁殖最适水温，春季是 6 ~ 18℃；秋季水温下降到 20℃时，性腺成熟，18℃时开始产卵。贻贝的精子全长约 47 微米，分头、尾两部分，成熟的卵子为圆球形，直径约 70 微米。在 16 ~ 17℃的水温条件下，卵受精后经 9 小时左右，囊胚体细胞逐渐分化成一圆管状的原肠，进入原肠胚期。以后胚体逐渐变为梨形，顶端膨大，细胞加厚，长有一丛纤毛，其中有一或二根鞭毛，胚体背部下隘，胚孔闭合区内陷，形成凹口，进入担轮幼体期。担轮幼体继续发育，胚体两侧覆盖两层透明的半圆形幼虫壳体并在背部绞合，发育成面盘幼体。半个月后幼体壳顶隆起，壳的后缘生长快，贝壳变成前后不对称，逐渐呈扁平状，形成足丝腺，足神经节和眼点。幼虫经过一段时间的浮游和匍匐阶段，附着变态为稚贝。此时幼体壳的边缘长出成体壳，并分泌足丝营附着生活。稚贝多附着在丝状物和丝状藻体上。幼贝和成贝主要附着在低潮区以下的岩礁和砾石上。同时贻贝具有群聚习性，常常成群栖息生活，常大量地附着在码头、堤坝、船底和工厂的进排水管道中（见图 1-14），给航运和工业生产造成一定的影响。贻贝还具有移动性，稚贝的移动性较强，会随水流移动，成贝主要是当环境不适时，自断足丝，随水漂移到其他场所重新附着。

表 1-3　不同贻贝的繁殖信息表

种类	生物学最小型 / 厘米	繁殖季节 / 月份	繁殖水温 / ℃	产卵量 / 万粒
紫贻贝	1.6	4—5、10—11	12～18	500～1 200
厚壳贻贝	5.0	5—6（辽宁）	12～14	1 000～2 000
翡翠贻贝	5.0	3—4	14～22	300～3 000

图 1-14 贻贝利用足丝可以附着在各种环境（船体表面，管道、海底）

三、鲜香"贻"人，海中鸡蛋

试着想象，当你漫步于辽阔的海岸线上，海水欢快的拍打着礁石，礁石上一簇一簇贻贝在阳光下五彩斑斓的，秀色的它像郁郁的森林中盈盈走来的少女，像荧屏里缥缈在眼前的倩影，鲜红饱满，鲜嫩汁甜，采撷一颗，什么也不用加，含着壳里的海水一起咀嚼、咽下，大海的滋味充溢浑身细胞，舌尖略过粗粝的贻贝壳，有淡淡的海盐味，好像身体能感受到沙滩上砂砾和温暖的阳光感觉，这就是贻贝所能给你的清爽海风的感受。别看贻贝个头很小，长得不如其他贝壳讨喜，但贻贝全身都是宝贝，贝肉是食用的美味、药用的佳品；贻贝壳可以提炼制作珍珠保健丸、配制鱼虾家禽的饲料和补钙剂、环保涂料和工艺品等；贻贝的足丝是织布的天然原料、提取出的足丝蛋白是美容佳品、足丝黏蛋白还可作为手术中天然的粘合剂；蒸煮后的贻贝汁液是配制类似蚝油的高档调味品。贻贝是集多种食用价值、营养价值、药用价值、美容保健功能于一身的天然产品。

1．贻贝的食用价值

贻贝是海中珍品，无论是鲜销的贻贝还是冻煮或者干制的贻贝，还是作为搭配菜系，前菜还是主菜，都是老少皆宜，贻贝不争不抢，以一种淡泊的姿态，散发着它独有的味道。贻贝的干品，淡菜和蝴蝶干，均以身干、色鲜，肉肥者为佳；粒冻贻贝肉，以肉质肥厚、颜色清丽为最；新鲜的贻贝更是贻贝中的翘楚，鲜嫩多汁，丰盛可口。

2．贻贝的营养价值与保健功能

鲜活贻贝是大众化的海鲜品，收获后不易保存，历来是将其煮熟后加工制成干品——淡菜保存，但是随着冷冻保藏技术与远洋航运等技术的迅猛发展，贻贝的保存更倾向于保存其原本的海鲜味道，因而越来越多的人能够吃到原汁原味的新鲜贻贝。

贻贝的营养价值高于一般的贝类和鱼、虾、肉等，仅次于鲍鱼。贻贝中含丰富的蛋白质、脂肪、碳水化合物，以及多种人体必需的氨基酸、维生素及锰、硒、锌、碘、维生素B、烟酸等多种微量元素，其中蛋白质含量高达59%，脂肪6.9%（且大多为不饱和脂肪）、糖类17.6%、无机盐8.6%，多聚不饱和脂肪酸（PUFA）的含量也很高，尤其是二十二碳六烯酸（DHA）和二十碳五烯酸（EPA），其含量高达31.65%；除此之外，贻贝还富含卵磷脂（卵磷脂就是我们平时常说的脑黄金），和其他贝类比起来，贻贝中青口的卵磷脂含量最高，对促进新陈代谢，保证大脑和身体活动的营养供给具有积极的作用。因此贻贝也有"海中鸡蛋"之称（表1-4）。根据嵊泗海水养殖公司委托相关专业部门测定显示，紫贻贝离海水保活一天过程中，水分为75.49%，蛋白质13.31%。据1983年《中国水产》杨彐舫先生撰文介绍，贻贝干品中含有蛋白质53.5%之高。总之贻贝是集营养与保健功能于一身的海鲜。

表1-4　贻贝的营养成分表

营养素	含量（每100g）	营养素	含量（每100g）
碳水化合物（克）	20.10	脂肪（克）	9.30
蛋白质（克）	47.8	纤维素（克）	—
维生素A（微克）	36.00	维生素C（毫克）	—
维生素E（毫克）	7.35	热量（大卡）	355.00
硫胺素（毫克）	0.04	核黄素（毫克）	0.32
烟酸（毫克）	4.30	胆固醇（毫克）	493.00
镁（毫克）	169.00	钙（毫克）	157.00
铁（毫克）	12.50	锌（毫克）	6.71
铜（毫克）	0.73	锰（毫克）	1.27
钾（毫克）	264.00	磷（毫克）	454.00
钠（毫克）	779.00	硒（毫克）	120.47

3. 贻贝的药用价值与食疗功效

贻贝同时具有很高的药用价值与食疗功效，最早据《本草纲目》记载，贻贝肉能治"虚劳伤惫，精血衰少，吐血久痢，肠鸣腰痛"，《本草汇言》也指出："淡菜，补虚养肾之药也。"中医认为，贻贝味咸、性温，入脾、肾经；具有补肝肾，益精血，助肾阳，消瘿瘤、调经血、降血压之功效；用于虚劳羸瘦、眩晕、盗汗、阳痿、腰痛、呈血、崩漏、带下、瘿瘤、疝瘕等症。现代有关药书记述，贻贝性温，能补五脏，理腰脚，调经活血，对眩晕、高血压、腰痛、吐血等症均有疗效，而治夜尿吃贻贝效果甚好。贻贝中含有丰富的维生素 B_{12} 和 B_2，对贫血、口角炎、舌喉炎和眼疾等亦有较好的疗效，同时贻贝对于补虚，去胸中烦热，降丹石毒（古称丹石毒是指误服丹石中毒，相当于高血压、血管硬化等疾患）也有很好的疗效。此外贻贝对于老年头晕，阴虚阳亢也有很好的作用，可取淡菜（干品）300 克焙燥研细末，陈皮 150 克，共研，炼蜜为丸，如小豆大，每服 1 ~ 6 克，一日 2 次。贻贝的药用价值十分显著，根据已有研究发现，贻贝中的酶解多肽有降血压的功效；贻贝中富含牛磺酸，含量占总蛋白的 3.6%，有助于老年人防治心血管系统疾病；同时淡菜还含大量的碘，对甲状腺亢进的患者是极好的保健食品；淡菜中脂肪里含较多不饱和脂肪酸，对于维持机体的正常生理功能、对促进发育有作用，还有降低胆固醇的作用；同时贻贝类软体动物中，含一种具有降低血清胆固醇作用的代尔太 7- 胆固醇和 24- 亚甲基胆固醇，它们兼有抑制胆固醇在肝脏合成和加速排泄胆固醇的独特作用，从而使体内胆固醇下降，它们的功效比常用的降胆固醇的药物谷固醇更强；人们在食用贻贝食物后，常有一种清爽宜人的感觉，这对解除一些烦恼症状也是甚有益处。另有研究还发现，从贻贝中提取的多糖、活性多肽还具有抗氧化、抗菌、抗衰老等多种功能：李竹等人通过血凝滴度测定发现贻贝多糖能抑制鸡胚流感病毒的增殖。毋瑾超等人对贻贝酶解多肽的药用活性进行了研究，发现贻贝酶解多肽对降血压有较为显著的效果。正所谓药补不如食补，贻贝肉味鲜美，营养丰富，食疗作用明显，是四季食补的佳品。

4. 贻贝的美容功效

据研究贻贝富含多糖、活性多肽等成分，在抗菌、抗氧化、抗衰老等方面也有明显的作用，很多女性都把贻贝奉为"美容圣品"。国际科技合作奖获得者 Jan-ChristerJanson 教授参与研究的贻贝粘蛋白项目中详细研究了贻贝足丝分泌的一种特殊的蛋白——贻贝粘蛋白（见图 1-15），通俗地说是一种生物胶水，可以使贻贝在近海耐受波浪冲击，依然安稳的固定于岩石上，如岩石、沙子、船体、木材、玻璃、塑料等，甚至可以粘附于制造不粘锅的特氟龙材料，具有化学合成胶水所不具有的特殊优势（见图 1-16）。贻贝可以分泌的这种贻贝粘附蛋白，具有特殊的组成和结构及超强的粘性。贻贝粘蛋白粘合范围广、耐海水腐蚀、强度高、生物亲和性良好，这种贻贝粘蛋白通过现代生物技术提取后，可作为医用粘合剂，用于眼科手术、皮肤组织粘合、骨骼粘合等；也可作为外伤喷涂剂，用于烧伤、烫伤、手术等造成的皮肤、黏膜修复、神经修复等，具有良

好的抑菌、止痛、止痒、促进愈合的作用，因而被认为是极好的广谱生物胶粘剂、皮肤修护剂而应用于医学和生物工程等领域。

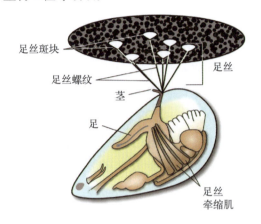

图 1-15 贻贝的足丝
数据来源：springerimages.com

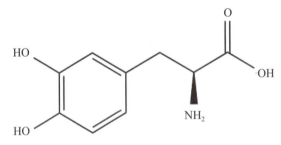

图 1-16 贻贝足丝主要成分，左旋多巴，左边的邻苯二酚结构是贻贝黏附的关键
数据来源：wikipedia

5. 贻贝与海洋环境监测

1975 年美国斯克里浦斯海洋研究所 Edward D. Goldberg 教授在海洋污染通报评论中首次倡仪在全球尺度实施海洋环境监测计划——贻贝监测计划，充分揭示了贻贝监测的最大贡献是可以使在国家、区域乃至全球尺度上开展统一的海洋环境监测得到技术上的保障。美国于 1976—1978 年开始实施全国沿岸海洋环境贻贝监测研究计划班，1986 年贻贝监测正式成为可操作的常规监测计划，至今已开展了 30 多年。从 70 年代中期开始，世界许多其他国家和地区也相继开展了国家和区域性的贻贝监测，如法国从 1979 年开始实施法国沿海贻贝监测计划，1978 年 12 月在西班牙巴塞罗那和 1983 年

11 月在美国夏威夷先后召开了两届贻贝监测国际研讨会，总结了这些国家和区域性贻贝监测计划的经验，讨论了筹备和实施国际贻贝监测计划的具体事宜。美国夏威夷大会标志着国际贻贝监测计划的诞生；1986 年，其被联合国教科文组织政府间海洋学委员会和联合国环境规化署（UNEP）正式列为联合国批准项目。在 UNEP 和美国海洋和大气局（U. SNOAA）联合协同支持下，1989 年成立了国际贻贝监测计划委员会（IMWC）。1991—1992 年在拉丁美洲，包括中－南美洲和加勒比海地区（含墨西哥）成功地完成了国际贻贝监测计划第一阶段计划。鉴于该阶段取得的成绩，IOC、UNEP 和 IMWC 希望能够在 1994—1997 年期间同时开展亚太、印度洋和东大西洋后三个阶段贻贝监测计划（见图 1-17），而且还将开展第五阶段——回顾（全球）阶段工作贻贝监测发展史大概经历了四个阶段：20 世纪 60 年代中期以前，双壳类软体动物与污染物质之间关系研究；60 年代中期和 70 年代，贻贝监测方法研究；80 年代，贻贝监测作为区域性监测计划实施；90 年代，全球的国际贻贝监测计划开始组织实施。我国的海洋环境污染生物监测也选择了贻贝、牡蛎等双壳贝类作为指示生物（见图 1-18），并在 2000 年颁布实施了《贻贝监测技术规程（HY/T079-2005）》，通过贻贝体内的化学污染残留量，对其生活的周围海洋环境污染程度和变化趋势进行监测和评价。用贻贝监测海洋环境污染情况，除了人工现场观察外，就是采用定点的海洋生物采样，实验室消化处理后进行化学分析。

图 1-17　大西洋海底的贻贝床

数据来源：百度图片

图 1-18　嵊泗县贻贝监测现场
数据来源：嵊泗县海洋与渔业局

20 世纪 20 年代，荷兰环境科学家开发了一种新型电子装置，即在活体贻贝中放入传感器，通过传感器以达到对海洋温度、盐度等指标的监测。

值得一提的是，为追踪气候变化对海洋环境造成的影响，美国东北大学的 Brian Helmuth 教授利用仿生学原理，研究开发了一款"机器人贻贝"微型传感器，并将这些贻贝放置在全球 71 个地区的贻贝床中进行监测。这些机器贻贝具有与贻贝一样的形状、大小和颜色，并内置微型传感器以跟踪贻贝床温度。通过测量自己内部的温度变化，它们每隔 10 ~ 30 分钟会发送一次数据。海水中生长的贻贝的身体热量以及自身的生存均依赖于外部热源，如大气温度和日照，因此贻贝可视为气候变化的晴雨表。而贻贝床的消失可影响区域的水质、微生物多样性等。研究团队将该机器人放置在世界各地海洋贻贝床内的岩石上（见图 1-19，图 1-20），在过去 18 年里，利用贻贝机器人内置的传感器，每隔 10 ~ 15 分钟记录一次贻贝床的内部体温，该温度由周围空气和水的温度以及装置所吸收的太阳辐射量所决定。研究人员建立了一个时间跨度近 20 年的数据库，该数据库不仅可追踪气候变化的影响，也可揭示新出现的异常变暖地区，便于政策制定者和科学家们及早干预并缓解压力，以遏制对重要海洋生态系统的破坏，防止某些物种的灭绝。因此在未来的海洋环境监测与气候变化监测领域，贻贝传感器会具有更高的应用前景。

图 1-19　　　　　　　　　　　　　　　　　　图 1-20

数据来源：Getty Images

6. 贻贝的"净水"功能

TED（Technology Entertainment Design）是一个致力于传播创意的组织，全称为"技术、娱乐、设计"，是美国的一家私有非盈利机构，该机构以它组织的 TED 大会著称，宗旨是"用思想的力量来改变世界"，推广值得传播的创意。在 2014 年的 TED 大会中（见图 1-21），一位美女建筑工程师凯特·奥尔夫提出了牡蛎在环保方面的不可思议的功能，一只牡蛎一天能过滤 189 升水，只要大量投放牡蛎，它们就会吸收污染物，神奇地净化污水。"凭借其神奇的消化器官，吸入藻类腐屑，吐出干净的水。"凯特认为可以由此设计一个大型净水项目，原料很简单：借助绳索、木架，编织漂浮器具，放在河流上游；将牡蛎放在这些"温床"里生活，渐渐地，小牡蛎沿河而下，沿途净水。这样治理污水的方式本身，非常生态环保，多年之后，不仅能帮河流重焕生机，关键是，"更符合可持续、宜居，还有美味可享用的未来！"，同时牡蛎的强大的"滤水"能力，可以有效消耗网箱养殖水域的残饵、海洋单胞藻、有机碎屑等，从而达到防控水域的富营养化，促进海区的生物链健全，维护海域生态平衡的作用，为深水网箱养殖的可持续发展提供有力保障。

图 1-21　TED 中牡蛎净水的作用

数据来源：TED

其实贻贝的净水能力也是不容小觑的，不同于牡蛎的身体构造，贻贝壳左右两个外套膜除了在背面连接以外，在后端还有一点愈合，所以在后面背方形成一个明显的排水孔。在外套膜的后腹面的边缘生有很多分枝状的小触手。通过贻贝身体的水流，就是从这些生有触手的外套膜之间流入外套腔内，然后经过鳃到身体背部由排水孔排出来。贻贝便利用流经身体的海水进行呼吸和循环，它也利用水流吸入藻类腐屑或者微小生物作为食物。由于贻贝的分布广泛，从海洋表层的潮间带到深层的海水都有贻贝的身影，根据海鲜选择联盟（Seafood Choice Alliance）表示，健康的贻贝每天能过滤 38 ～ 57 升海水，能帮助沿岸海水保持干净，而在常温下，壳长 50 ～ 60 毫米的紫贻贝每小时能过滤 3.5 升海水，24 小时也能过滤 45 ～ 56 升海水，因此贻贝净化海水能力也不容小觑。日本最早开始利用淡水贻贝进行河流净化，虽然进展缓慢，但是净化效果良好。我国利用贻贝净化海水也已经初现成效，据报道，2009 年 8 月 18 日，海南省水产研究所曾将价值 30 万元壳长 7 厘米以上 60 多万粒的翡翠贻贝播撒在临高后水湾底质有珊瑚礁的深海网箱养殖海域用于维护海域水质，以确保深水网箱养殖产业的可持续发展，翡翠贻贝的放养对于缓解海域的养殖环境压力起到了巨大作用。目前，世界上已经有很多国家开始利用贻贝净化污染。

四、恋之青口——舌尖上的美味

2011 年杜琪峰导演的《单身男女》中，三年为追寻爱情，苏州女孩程子欣随男友来至香港，在一家金融公司供职。谁知男友移情别恋，令子欣备受打击。偶然机缘，她结识了正处于瓶颈期的建筑师方启宏，晚餐吃的是子欣最爱的青口。时光飞逝，当启宏为了再遇见子欣，去辗转学习如何做出同样味道的青口料理时，他所爱慕的程子欣吃着同样味道的青口，却在为不同的人伤心流泪，令人产生物是人非之感。

图 1-22 《单身男女》和《好先生》剧照

最近大火的内地剧《好先生》中，孙红雷饰演的米其林大厨陆远给江疏影饰演的江菜做法式黄油贻贝在剧中出现过4次之多，从两人同做一道菜的剧情就知道两个人的牵绊很深。

《舌尖上的中国二》相逢片段中生活在浙东沿海渔港——石浦的退休船老大张士忠，有着所有中国人最为简单、朴素的愿望——一家人一起吃顿饭。当年象山石浦的渔民随国民党军队迁居于此，当时的张士忠在石浦镇里读书，恰逢两地隔离，从此天各一方。经历半个世纪的等待后，老人载着只有海边小镇所独有的品相极佳的壳菜，踏上了南下台湾团聚的路，肥美鲜香的贻贝并不是简单的干瘪的淡菜，它承载了厚重浓醇的家的味道。

图1-23 《舌尖上的中国二》相逢片段

贻贝作为大海最深情的馈赠，既上得了庄重盛大的国宴，也能入寻常百姓的餐桌。贻贝食用方法有多种，如清蒸、白灼、红焖、鲜炸、炒吃和煲汤等均可，清蒸时剖开贝壳，加姜、葱、大蒜、酒、酱料等，味香可口，多吃不腻，夏天，若用其干制品——淡菜加料煲汤或煮粥，更是老少皆宜。

贻贝也叫做青口贝、蓝青口海虹或淡菜。在欧洲，贻贝是法式米其林大厨的最爱，香料可以提味增香，葡萄酒的加入，既能除腥，又能丰富贻贝在口感上的层次。同时贻贝也属于白肉的一种，与白葡萄酒共同烹煮会更凸显鲜甜之味，美味到极致。贻贝作为欧洲流传上百年的经典海鲜大餐中，具有不可超越的地位，尤其是在比利时，蓝青口薯条更是被推崇为国菜，风靡整个欧洲。据报道，一家布鲁塞尔的雷昂百年老店（Leon de Bruxelles）（见图1-24）就是因为小小的贻贝料理而长盛不衰，它成立于1893年，距今已有120多年历史，最初叫做雷昂凡兰克（Leon Vanlancker）餐厅，当时是个专卖青口特色菜的小咖啡馆，因为颇具特色，很快就名声大振。约100年之后，1989年，餐厅第六代继承人Rudy Vanlancker把第一家青口店开到了巴黎，因此改名为布鲁塞尔的雷昂。在法国经过30年的连锁发展，目前已拥有50多家连锁店，每年接待约500万食客，据说比利时国菜海虹和啤酒更配哦！值得一提的是国内现在一提起欧洲的啤酒，大多数人会想到的是德国黑啤，但比利时在啤酒上的造诣是有过之而无不及的，上千种的啤酒满足你的各种想象。

图 1-24　布鲁塞尔的雷昂百年老店 Leon de Bruxelles

比利时虽然国家不大，但由于处于大西洋沿岸，往往能捕到最新鲜的海味，尤其是比利时青口的饕餮美味，一定会满足你的味蕾，让你身不由己的爱上它，爱上大海般清爽的味道。值得一提的是，我们所知的"法式薯条"最初也是源自比利时的，到现在都是闻名世界。据说只要月历上以 r 结尾的月份，都是适合吃青口的时节，所以 September、October 和 November 都是合适的时间。这时候的蓝青口肉质肥厚不腻，鲜美不腥。

著名的贻贝菜系

意大利——意式白酒烩青口

图 1-25　意式白酒烩青口

青口（5～6磅/2.2～2.7千克），洋葱一个（切碎），甜红椒一个（切碎），西红柿一个（切碎），蒜头5～6个（切碎），西芹2根（切碎），浓缩西红柿酱，意大利白葡萄酒一量杯/240毫升，水一量杯/240毫升，盐和黑胡椒，柠檬半个，辣椒水或辣椒酱，香菜叶碎

1）带盖大锅一只，倒入少量的油烧热，先炒洋葱，变半透明后放入蒜末炒香。

2）倒入剩下的蔬菜末简单翻炒后下西红柿酱炒匀。

3）倒入酒和水，放盐和黑胡椒调味并煮开，汤底就做好了。

汁煮溶后，倒入青口，并迅速盖上盖子，再次煮开后，大火焖5分钟，关火，根据喜好添加香菜碎，辣椒水或辣椒酱。

西班牙——红烩贻贝

橄榄油1汤匙（15毫升），立左香肠150克（切成小片），香葱6棵，蒜2瓣，鲜朝天椒1只，去籽切碎鳕鱼4片，樱桃番茄500克，西班牙雪莉醋2汤匙（30毫升），香叶2片，干白葡萄酒1/2瓶，罐装番茄400克，新鲜贻贝400克，鲜香菜叶15克，盐1/2茶匙（3克），黑胡椒碎1/3茶匙（2克）

1）中火加热，放入橄榄油，立左香肠块、香葱片，翻炒3～4分钟，直至香肠呈漂亮的金黄色，加入蒜片和鲜朝天椒碎，继续翻炒12分钟，转成小火；

2）将鳕鱼片用盐和黑胡椒碎调味后，码放在立左香肠上，锅中倒入西班牙雪莉醋，再用盐和黑胡椒碎调味，放入香叶，再倒入干白葡萄酒，和罐装番茄，使所有调料都浸入汤汁；

3）把洗净的贻贝码放在所有原料的最上边，转成中火将汤汁烧开，再将锅加盖，转小火慢烩15分钟，直至所有贻贝完全张开（没有张开的贻贝扔掉），装盘，撒上香菜叶子即可，搭配香蒜面包一起食用。

法国——法式黄油贻贝

淡菜2千克，双重奶油150毫升，黑胡椒，海盐适量，西芹1枝，红葱5枚，番红花一小簇，大蒜2～3瓣（切成蒜泥），月桂叶1片，荷兰芹适量，鸡蛋黄2枚，柠檬1个，白葡萄酒300毫升，黄油75克，高汤250毫升

1）先将淡菜洗净沥干待用，如果有已经开口的则丢弃；将2枚红葱切粒，连同白葡萄酒一起煮开以后加入一半淡菜，盖盖煮开至淡菜开口，取出以后重复这一步骤煮剩余的另外一半淡菜；将煮过淡菜的酒汁过滤，加入番红花稍稍搅拌待用；

图 1-26　法式黄油贻贝

2）淡菜保留带肉的一半外壳；将西芹以及剩余的 3 枚红葱切粒，取 50 克黄油中火融化以后翻炒大约 5 分钟至其软化，加入一半蒜泥继续炒 2 分钟；将之前过滤的酒汁加入锅中，煮开以后加入高汤以及月桂叶继续小沸 5 ~ 10 分钟，用盐以及黑胡椒调味；

3）用高汤或者用鱼骨煮汤，没有的话可省略将蛋黄以及奶油搅拌均匀以后加入 1 大勺煮开的汤底，注意要一边加一边搅拌；接着将蛋黄奶油汁慢慢倒入汤锅，注意搅拌；这样的目的是将蛋黄奶油加温至一定程度以免蛋黄直接倒入沸水而形成蛋花，加入小半个新鲜柠檬汁，小火加热至汤汁变浓稠，临近沸点。

跟冰激凌的制作原理相同，不可煮沸，不然就会变成蛋花汤了哦！加入一大把切碎的荷兰芹，剩余的一半蒜泥以及剩余的黄油，尝一下味道，根据口味可适量增加柠檬汁，搅拌均匀以后加入淡菜，加热 30 ~ 60 秒即可出锅装盘！

比利时——蓝青口薯条

2 千克蓝青口，1 根胡萝卜，2 个洋葱，1 根绿芹菜，1 根韭葱蔬菜，高汤（随意）、盐、胡椒

仔细刮擦清洗蓝青口。

1）蔬菜切成非常细薄的圆片。用黄油煸炒。

2）倒入水。加盐、胡椒及蔬菜高汤。

3）锅中倒入蓝青口，开大火加热直至蓝青口开口。

4）接着倒入准备好的蔬菜汁。

与薯条一起趁热吃，配上金黄啤酒。

图 1-27 蓝青口薯条

荷兰——藏红花椰奶青口汤

黑青口 50 克，椰奶 30 毫升，各式蔬菜丝 10 克，蒜片 5 克，洋葱末 10 克，香菜叶 5 克，干藏红花 2 克，白葡萄酒 30 毫升，淡奶油 50 克，盐 5 克，黑胡椒 2 克

1）炒小洋葱末和蒜片至香后放入黑青口，倒入白葡萄酒后再加入藏红花，直至青口都开口，取出；

2）将椰奶加入锅内慢慢煮沸并浓缩，再加入奶油并煮开，用盐和胡椒适当调味；

3）把蔬菜丝放入汤碗中，青口排放在周围，并用带壳的青口点缀；

4）把锅中的汤倒入粉碎机中，打碎使汤面有小的泡沫，倒入汤碗中用香菜点缀。

图 1-28 藏红花椰奶青口汤

鲜贻贝——最原始海鲜的味道

要说淡菜最原汁原味的正确吃法其实是用空的贻贝壳当做餐具，夹出贻贝肉，再送入口中。

1）原料，以当天或头一天从海上采收的鲜贻贝作为加工贻贝的原料；

2）分粒洗刷，将成团的贻贝撕裂成单体状态，分粒后用海水洗涤，去掉泥沙等杂质；

3）蒸煮，两壳张开即可，火候的掌握很重要，切忌用慢火，根据个人喜好可加葱蒜酱油等调味。

第二章

国外贻贝产业

贻贝是世界上重要的海洋水产资源，也是重要的海水养殖经济贝类之一，具有较高的营养价值、药用保健价值和经济价值，从浪花飞溅的浅滩潮间带的岩间，到澄澈暗涌的二三十米的深海，贻贝都能通过它的足丝附着生长繁殖。小小的贻贝，虽然廉价，但是因为繁殖力强、易养殖、生长快、产量高（见图 2-1），所以自 20 世纪 60 年代起，普遍引起全世界沿海国家的重视，获得迅速发展，在贝类海水养殖中占有很大比重，仅次于牡蛎，居世界养殖贝类产量的第二位。

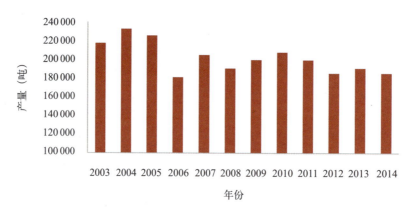

图 2-1　2003—2014 年世界紫贻贝总生产量

贻贝的种属分布广，全球各海均有不同种类出现，光是中国就有 50 多种，世界各地的贻贝种类，更是数不胜数。世界各国贻贝的养殖和捕捞品种主要集中于热带和亚热带的绿唇贻贝（翡翠贻贝）（*Pernacanaliculus*）、分布在温带的地中海贻贝（*Mytilusgalloprovincialis*）、分布在寒带的紫贻贝（蓝贻贝）（*Mytilusedulis*）、厚壳贻贝（*Mytilus coruscus*）等几种。此外根据国家和地区的不同（表 2-1），贻贝养殖品种也有一定的差异：如西班牙的紫贻贝（*Mytilusedulis*）、委内瑞拉的波拿贻贝，即胭蛤（*Pernaperna*）、新西兰的细管贻贝 (*P. canaliculis*)、澳大利亚的扁贻贝（*M. planulatus*）、菲律宾的绿贻贝，即翡翠贻贝（*M. viridis* 或 *M. smaragdinus*）、意大利的盖洛贻贝（*M. gallo-provincialis*）、朝鲜的朝鲜贻贝（*M. COrusCUS*）和厚壳贻贝（*M. crussitesta*）。国外的贻贝养殖日益扩大，现已使用不同的贻贝品种进行养殖。全球紫贻贝年产量约 23 万吨，其中以中国、西班牙、荷兰、法国产量最大，智利、德国、秘鲁、阿根廷、丹麦、意大利、新西兰、美国、加拿大和澳大利亚等国也是贻贝的重要产地（见图 2-2）。

图 2-2　世界主要贻贝生产国家
数据来源：联合国粮食及农业组织 FAO

随着经济全球化的迅速崛起和现代化水产养殖技术的逐渐推进，世界各地的贻贝养殖也逐渐走向机械化，但发展的主要趋势是"吊养"（垂下式养殖），大部分国家在养殖过程中吸取日本延绳垂下式养殖方式，充分利用了海水深度优势。目前世界上养殖贻贝的方法可分为下列四类：①插桩养殖（法国）；②海底养殖（荷兰）；③吊养，包括架式吊养或（台）筏式吊养（前者法国、意大利；后者西班牙）；④沉竹养殖（菲律宾）。究竟哪一种养殖方法更好，这主要取决于养殖的水文环境和社会经济条件。

表 2-1　世界主要贻贝的区系划分表格

区系	主要种群	纬度范围	包括海区
大西洋北系	紫贻贝	北纬40°—65°	比斯开湾、爱尔兰、北海、波罗的海、挪威南部、纽芬兰海、哈得逊湾
地中海系	紫贻贝	北纬40°—48°	地中海、爱琴海、黑海
大西洋西南系	盖洛贻贝	南纬35°—50°	阿根廷沿海
太平洋东北系	波拿贻贝	北纬40°—60°	加利福尼亚、旧金山、阿拉斯加湾
太平洋西北系	加州贻贝	北纬22°—55°	东海、黄海、渤海、日本海、鄂霍次克海南部
太平洋中南系	紫贻贝	北纬1°—22°	南海、苏拉威西海、新加坡海峡、曼谷湾
印太系	紫贻贝	南纬32°—48°	澳大利亚湾、塔斯曼海

一、欧洲的贻贝养殖

欧洲不仅是主要的贻贝消费市场，也是贻贝的最主要产地之一，欧洲人钟爱贻贝，就如同国人钟爱麻小儿一样。欧洲著名的贻贝产地主要有西班牙加利西亚（地中海贻贝的养殖从加利西亚的沿海水域到地中海的北部沿岸）、法国（蓝贻贝／地中海贻贝）、荷兰（青口／翡翠贻贝）、比利时（紫贻贝）、冰岛等。欧洲贻贝的产量占全球贻贝产量的 50% 多，欧洲的大西洋海岸和地中海沿岸等地区是世界上最主要的海水养殖贻贝的产区，独特的大西洋暖流和温带海洋性气候赋予了该地区温和的水环境和贻贝所需要的丰沛的营养物质。其中最主要的贻贝生产国有西班牙、荷兰、法国、意大利和北欧冰岛等地。欧洲出产的贻贝，因其高营养、无污染、肉质鲜嫩、风味独特等特点，不仅畅销整个欧洲，更备受世界各地食客的青睐。

图 2-3　莫莉·玛龙雕塑（Molly Malone）

传说中，17 世纪时这个美丽的姑娘因为生活贫困，白天推着小推车用清脆的声音沿街叫卖海虹和扇贝，晚上便为妓女，最终死于伤寒。后来有人为她写了一首充满了忧伤的歌《Cockles and Mussels》（蛤蜊与淡菜），流传至今，成为了爱尔兰著名的民歌。1988 年为了纪念都柏林建城一千周年，在市中心最繁华的 Grafton 街头立起这座雕像。

古老的爱尔兰民歌《蛤蜊与淡菜》（Cockles and Mussels）中这样唱道：

In Dublin's faircity 美丽的都柏林，

Where the girls are so pretty，俊俏的少女如云。

I first set my eyes on sweet Molly Malone 头一眼望见可爱的梅露恩

As she wheeled her wheel barrow 她推着小车走来，

Through street broad and narrow，沿大街小巷叫卖：

Crying，"Cockles and mussels alive，alive-o！" 新鲜的蛤蜊哟，新鲜的淡菜！"

Alive，alive-o！Alive，alive-o！新鲜，新鲜哦！新鲜，新鲜哦！

Crying，"Cockles and mussels alive，alive-o！" 新鲜的蛤蜊哟，新鲜的淡菜哟！

欧洲的贻贝养殖到现在已经有 760 多年的历史。最早始于 1235 年一个爱尔兰船只失事，一个名叫 PatrickWalton 的爱尔兰渔民的船只在 Aunis（法国早期的一个省）海湾失事，他将船上的木桩栽埋在海里，挂以网，目的是捕获海鸟以获取食物，但阴差阳错收获了很多优质附着物和肥大的贻贝，这种方法形成了最早潮间带收割贻贝的"木竿文化"（bouchots），是早期"插桩式"贻贝养殖方法的雏形。此后自 13 世纪以来，插桩式养殖逐渐趋于成熟，智慧的欧洲渔民也逐渐发展出底层养殖、台筏式养殖等可以大规模机械化的养殖方式。随着全球化的推进，欧洲的贻贝养殖技术也逐渐吸取了日本用于养殖牡蛎的延绳垂钓式养殖方式，通过一定的改进，发展成现在的规模化延绳养殖。

1. 西班牙贻贝养殖

关键词：（台）筏延绳垂钓式养殖

西班牙的贻贝产量仅次于中国，居世界第二。是世界上贻贝养殖的"明星国"，贻贝年收获量占西班牙总水产养殖量的 79%，占西班牙海洋养殖生产的 89%。8000 千米长的蜿蜒曲折的海岸线，星罗棋布的港湾，特殊的大西洋气候和地中海气候为贻贝生长提供了温床，非常适宜贻贝繁殖。

20 世纪初，西班牙贻贝产量为 18 万吨左右，20 世纪 70 年代，人工贻贝育苗成功促使中国一跃成为世界上贻贝产量最高的国家，西班牙屈居世界第二。

西班牙贻贝养殖海区面积广阔，从南部的马拉加沿海到地中海沿岸都有养殖贻贝的海区。

图 2-4　西班牙地图（谷歌地图截图）

图 2-5 西班牙所产的贻贝
图片来源: vcrown.com 和 purehamrecipes.wordpress.com

　　欧洲贻贝产量最高的地区位于西班牙西北部的加利西亚，在加利西亚地区的贻贝交易最早始于公元前4世纪，在当地留下大量双壳类软体动物的壳包括贻贝。在1901年和1909年，有农民开始第一次在（伊比利亚半岛东北）塔拉戈纳和巴塞罗那试着用木杆养殖贻贝，随着贻贝养殖技术的开发，浮式结构逐渐代替古老的木杆。1945年，在阿洛乌萨河口建立了第一个养殖台，是一种在海里定位养殖的漂浮的木质平台（见图2-6）。直到1946年贻贝台筏式养殖得到有效推广才逐渐发展成现有大规模养殖体系，使加利西亚成为全世界的水产养殖大区。

图 2-6　西班牙养殖贻贝所用的台筏
图片来源: fegaus.com 和 k.cankaoxiaoxi.com

　　加利西亚（Galicia）是一个位于葡萄牙北面西班牙西北角的小自治区，面积和比利时差不多，它所处的地方曾经被希腊人认为是旧大陆的尽头，荷马也说：太阳在此地绕完了一圈，准备再次向东方升起以开启新的一天。在最新的世界权威旅行指南《孤独星球》发布的最新榜单中，加利西亚入选十大最物有所值的目的地。

加利西亚拥有1309千米长的海岸线，贝虾鱼类出产十分丰富，也是西班牙全境消费海鲜最多的地区之一，巴塞罗那等沿海城市贩卖的很多海鲜都是来自加利西亚地区的。加利西亚海湾密布海水清澈，非常适合蓝贻贝养殖，其出产的贻有"上帝的手掌"之称。现在加利西亚有三千三百多个用于在河口水域养殖贻贝的养殖台，使加利西亚成为全世界的水产养殖大区。值得一提的是，加利西亚的维哥（Vigo）属于西班牙加利西亚省，位于欧洲大西洋沿岸的较南部，是天然的深水良港。

加利西亚沿海的特征是有河流流入的河口，河口长度达25千米，宽度在2～25千米之间，深度从40～60米，底为泥底，由小山分开。河口年生产力平均为10.5毫克碳/升/小时，温度为10～20℃，盐度约34，潮汐幅度平均为4米，潮汐流很强，有持续冷水上升流携带了大量的营养物质；再加上雨季（年平均降雨量为1250毫米）从山上冲下的营养物可能刺激浮游植物丰量，因此，有利于贻贝生长。这些有庇护的河口提供了在（台）浮筏悬挂绳上养殖贻贝的理想环境。其次最重要的养殖区是阿鲁斯河口，占西班牙贻贝产量的60%；其后是比戈河口和蓬特维底拉河口。

图2-7　西班牙贻贝养殖区（谷歌地图截图）

贻贝自然种群分布在河口和潮间带岩石岸边的岛上的广泛区域，在密集海底平均密度约为24000只/平方米，还主要是在岩石区的河口、悬崖和巨石的海岸生长。养殖者从这些区域上收集贻贝苗悬挂在（台）筏上（见图2-8），早期的（台）筏是正方形的木制框架，由一个中央漂浮的老船木框架支持，里面挂着西班牙草绳，这种绳子是用较松散的布纹网料制成的，以便网眼很容易张开，农民把贻贝苗放在绳子上，当贻贝达到一定尺寸时，他们用手或用特殊的针轮采收贻贝。

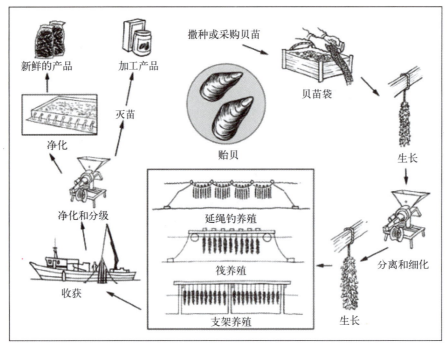

图 2-8　西班牙贻贝养殖方式

随着机械化养殖的推进，古老的旧船被方形或长方形的木制框架所支撑，取而代之的是精巧的小房子，用来悬挂贻贝苗的草绳也被耐用的纤维丝网取代。由木浮子包裹丝网和混凝土共同形成一个平台，这些平台有 500 平方米那么大，每一根绳索可以负重 150～300 千克。这些绳索挂在一个漂浮的平台上，幼小的淡菜一般会"种"在绳索上，它们在水中成熟直到收获。每个筏一般悬挂 3 类绳，采苗绳、培育中的贻贝绳和可上市贻贝绳；按这种方式，养殖者可进行连续生产。由于在靠近水面处贻贝生长更快，一些养殖者定期倒转绳使生产的贻贝规格大致相同。在只有一个中央浮子的情况下，在养殖者为散播或捕捞提绳时，筏子改变平衡，需要在该结构适当区域放置有水的容器以避免倾斜。大量贻贝苗和污损生物附着在浮子上，随着其生长，筏子重量增加；因此养殖者不得不偶尔清理浮子，在筏子几乎空着和浮子升得更高时最容易进行这一程序，许多贻贝和污损生物暴露在空气中死亡，容易被清除。在架子或浮子大修时，养殖者将筏运到船厂或工厂修理。中等规模木制筏使用年限为 10～15 年，而木制玻璃钢筏使用期更长一些，筏的使用年限最长为 30 年。

在 20 世纪 50 年代西班牙用（台）筏式养殖贻贝，不仅大大扩大了可养海区，更有效防止了敌害，而且大幅度地提高单位面积产量和贝的质量，从而成为西班牙贻贝养殖的主要方式。目前西班牙主要的生产者属于自治管理，加利西亚贻贝生产者目前由 3 个协会组成（占生产者的 97%）：OPMEGA、北部的阿罗索贻贝协会联合会和加利西亚贻贝协会。另外的其他两个组织，包括加泰罗尼亚和巴伦西亚贻贝生产者的圣乔迪湾生产者协会和巴伦西亚港口贻贝养殖者联盟，虽然占全国产量的比重不大，但在贻贝产业化进程中起到了重要作用。可见西班牙贻贝产业的蒸蒸日上，如日中天。

2. 法国贻贝养殖

关键词：插桩养殖，延绳垂下式养殖

法国地处西欧，面临大西洋，东临地中海，海岸线长约 3 000 多千米，独特的地理环境为双壳贝类养殖提供了优势。法国人工养殖贻贝已有 110 多年的历史，且贻贝养殖地区分布较广，从法国西南海岸的诺曼底（Normandy）地区到西北部的布列塔尼地区（Brittany）均有大规模的贻贝养殖景象。从 1235 年法国开始在潮间带与低潮浅水区采用篱笆式养殖法养殖贻贝，独特的篱笆使贻贝脱离海底，生长速度较快，同时篱笆桩基部设有防止底栖水生动物爬到桩上的设施，可保护贻贝免受敌害侵袭。

图 2-9　法国（谷歌地图截图）

最初，法国养殖贻贝主要是在西南海岸涨潮带用竿子按"布肖"系统进行养殖，这是一种古老的养殖方法，但当前仍是法国的主要养殖方法之一。"插桩"式养殖是一种潮间带的贻贝养殖法，主要是利用长约 3～5.5 米，直径 15～20 厘米的木桩，在潮间带（中低潮区）打桩，木桩须打入海底 1.5～2.5 米，留在地面大约 1.5～3 米，在露出部分的底部 30 厘米处缠上光滑的塑料，以阻止海星、螃蟹和其他掠食性海生动物。木桩的布置方式大多因地形而异，一般是成排布置，且每个木桩距离大约 60 厘米，每

行 60 米（100 根木桩），每行木桩距 10～15 米，然后需要将贻贝苗种装入细长的网袋筒中，将网缠绕在木桩上使贻贝逐步扩散，附满木桩进行养殖。

目前在法国沿岸，进行"插桩"式贻贝养殖桩行长度 1600 千米，而在法国地中海沿岸地区多是利用延绳垂下式养殖（图 2-10），主要以赛特潟湖地区为代表的，利用赛特潟湖深水（6～10 米）将延绳放入水中的一种垂下式养殖方法，具体是用工字钢为主柱，铅角铁为横杆塔成架子。将贻贝装入细长延绳（内棉纱级眼网，外包聚乙烯大网），利用架子垂挂延绳，将苗种浸在水中养殖，这种方式生长较快，且只适用潮差较小的海域。以上两种养殖方式都是利用深水层海水养殖，由于深层海水具有清洁无污染、饵料丰富等特点，能够出产出品相绝佳、风味独特的贻贝。除了人工养殖的贻贝，法国还会定期采收野生贻贝，当然由于潮差、海水水质的影响，野生贻贝的口感和质地大多都不如人工养殖的贻贝。

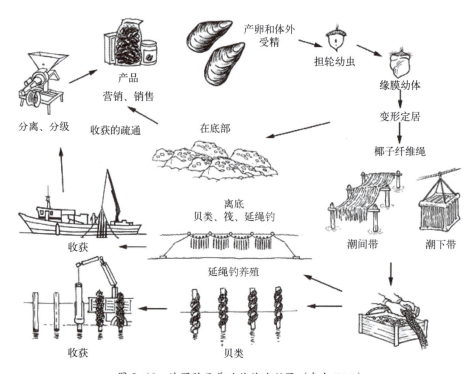

图 2-10　法国贻贝养殖收获流程图（来自 FAO）

在法国，5—7 月开始采苗，有时持续到 8—9 月止。用松木附着器采苗；或用悬挂在自然贻贝海区附近的涨潮带的直径 125 毫米、长 3 米的缆索纳苗。幼苗借助足丝固定在成行的缆索上。随后将附着幼苗的缆索移放到养殖海区，有时将绳索按螺旋形缠绕在橡树上。值得一提的是，由于法国南方海岸潮差小，人们只需要把空苗绳垂挂在天然贻贝苗场附近（延绳养殖法），利用贻贝附着苗绳的方式收集苗种，然后将苗绳移到木桩上。而法国北方潮高、潮流大、影响贝苗的附着，因而，北方养殖的贻贝的苗绳大多是从南方引进的。插桩养殖的主要优点是，可减少底栖敌害生物（海星）的危害，特别是采用塑料套效果更好。其缺点是贻贝在低潮时会干露，因而摄食机会有限，生长和育肥不如整个生育期沉在水中的贻贝，同时，也易被风浪摧毁。

法国人工养殖贻贝的年产量可达 $2 \times 10^6 \sim 3 \times 10^6$ 千克，而野生捕捞贻贝年产量达到 $20 \times 10^6 \sim 30 \times 10^6$ 千克，而这些新鲜的贻贝在法国国内基本是供不应求的，因此每年除本国生产外，法国还大量从荷兰、西班牙等国家进口贻贝。

3．荷兰贻贝养殖

关键词：底层养殖　延绳养殖

荷兰又叫尼德兰，是"低洼之国"的意思，荷兰西、北两侧濒临北海，境内地势低平，在总计 4 万多平方千米的国土中，约有 27% 的土地低于海平面，因此荷兰建起了 30 多千米的保护屏障——北海的围海大堤（见图 2-12），成就了荷兰在欧洲的地位。荷兰地区海岸线十分绵长，海疆面积也十分广大，海域受北大西洋暖流的影响，强大的水体交互保持了海床的干净。再加上温带陆地性天气，冬暖夏凉，明澈的海水阳光穿透率高，为绿藻和微生物的生活提供了绝佳的环境，十分适合贻贝的生长。

荷兰养殖紫贻贝的主要海区是在南部的泽兰省奥斯特斯凯尔德的主水道沿岸和北部的须德海，几乎在整个泽兰省都能吃到饱满肥美、鲜美多汁的贻贝，Yerseke、Bruinisse 和 Philippine 更是最著名的贻贝村。

图 2-11　荷兰（谷歌地图截图）

图 2-12　荷兰围海大堤俯视图

　　基于其特殊的海洋地理状态，荷兰的贻贝养殖多采用底层养殖技术。荷兰的这种贻贝养殖方式已有 300 多年的历史，这种形式的贻贝养殖是在有部分围堤（或全封闭）的浅水区的海底直接进行的。进行底层贻贝养殖时，幼苗借助大型采捕器在天然海区采集天然贝苗，这些贻贝苗多来自沿海的浅海（特别是荷兰北部的瓦登海），然后将贝苗运到养殖区撒播分养，养殖场的面积一般为 5～18 公顷，养殖区水深 3～6 米为最佳。贻贝移殖前，借助特制的滚柱式采捕器将养殖地的凶猛动物，特别是海星清除掉。幼苗分养时通常要进行间苗，以保证贻贝拥有最良好的生长条件，2～3 年后，即可采收贻贝。荷兰贻贝养殖的全部过程均采用高度机械化操作，工效高、成本低，因此养殖的贻贝在国际市场上极富有竞争性。但使用高度机械化也有不利的一面，即操作比较粗糙。在许多工序中由于机械的剧烈振动使活贻贝的耐受力大大降低，特别是将活贻贝进行较长时间运输时暴露出来的问题更多。海底养殖贻贝的主要优点是，贻贝在整个涨落潮周期中一直生活于海水中，因此，如同在涨潮区一样能不断吸收营养，同时这种海底播种法管理简便，成本相对较低，但贻贝生长较慢，且易受敌害侵食，贻贝养殖成熟后大规模利用传统的拖网捕捞方法，不仅把海底其他的海洋生物赖以生存的海底家园"犁"了一遍，同时剩下的海洋生物会更难生存，严重破坏海床的环境，为海洋生物环境的可持续发展带来诸多挑战。

　　贻贝作为荷兰经济上最重要的水产养殖种类，在 2005—2006 年总产量达到 5.80 万吨。在荷兰贝类养殖历史长，在经济上也尤为重要，现有 50 家公司养殖贻贝，大多采用底层养殖，贻贝年产量 5 万～6 万吨。贝类养殖依靠自然牡蛎卵以及从自然种群收集贻贝苗，贻贝苗大部分来自沿海浅海（特别是荷兰北部的瓦登海）。为了保护海区环境，荷兰政府对每年捕捞苗的数量由年度配额严格控制，养殖规模取决于自然卵以及捕捞区调查期间发现的苗的数量。值得一提的是，为了扭转现状，减少底层养殖对海床的破坏，荷兰现在发展出一种特殊的浮网养殖方式，即让浮网漂浮在海床上方，将贻贝的幼苗播种在浮网上，经过大约3年的生长后，只需要将浮网捞出水面即可完成贻贝的采收，而海底养殖贻贝与浮网养殖贻贝，有着相同的品质与口感，而且这种养殖方法不但不会破坏海底环境，还能增加贻贝的产量。据报道荷兰有望在2020年全面取代传统贻贝拖网捕捞的作业方式，同时在荷兰部分深水区附近也已引进延绳养殖贻贝技术，贻贝从品质和产量上都有望创新高。

图2-13　采贻贝的老人和荷兰贻贝节

4. 北欧贻贝养殖

关键词：延绳垂钓养殖

北欧也是全球贻贝的最主要产区。北欧（NordicEurope）主要包括丹麦、瑞典、挪威、芬兰、冰岛，被称作北欧五国。北欧西临大西洋，东连东欧，北抵北冰洋，南望中欧，总面积130多万平方千米，北欧的绝大部分属于亚寒带大陆性气候，冬季漫长，气温较低，夏季短促凉爽。冰岛等地属极地苔原气候，挪威、芬兰和丹麦西部属温带海洋性气候，瑞典属于温带大陆性气候，其中最著名的北海渔场是由北大西洋暖流与来自北极的寒流交汇形成的，冷暖水流在此交汇，鱼产丰富，种类繁多，为世界四大渔场之一。同时冷、暖海流交汇，产生涌升流。涌升流区海水不断从下层涌到表层，海水下层腐解的有机质等营养物质也随之被带到表层，因而养殖的贻贝营养丰富、口感独特。自20世纪70年代以来瑞典一直在西海岸养殖蓝贻贝，进而带动了北欧其他四国的贻贝产业，其中丹麦的贻贝生产主要来自在Limfjord的野生贻贝及一些其他的峡湾的养殖贻贝，一小部分来自丹麦瓦登海和 Kattegat 的海岸。年度生产量 100×10^6 千克，其中较大部分加工成罐头产品。在挪威、芬兰和冰岛等地养殖贻贝也小有规模，但是产量有限。

图 2-14　北欧地图（谷歌地图截图）

图 2-15　冰岛采集贻贝的女孩

　　北欧国家的各个水域均有大量贻贝苗，因而贻贝通常是系在浮子上的垂直绳或挂在悬浮绳上的袋中（"延绳"系统），锚定在海底。贻贝"苗"（幼体）在春季自然附着挂绳上，然后在秋季被从绳转移到网袋中并在下个夏季在贻贝达到 45 ～ 55 毫米规格时捕获。养殖方式同西班牙等国家一样，是利用小型浮筏的延绳垂下的方式进行养殖，有些海湾夏季水温较高，养殖的紫贻贝幼体于春季附着，秋季生长到接近 30 毫米，此时进行间苗尚早，所以利用聚丙烯编制的直径 30 厘米的网袋，装入幼贝，而后移引到筏架上。借助这种网袋，到翌年秋季能获得壳长 50 ～ 75 毫米的商品贻贝。同时，利用这种网袋能移殖幼贝到那些无贻贝生长而条件良好的海区试养，或从妨碍贻贝生长的冰冻海区，转移到具有夏季条件的有利海区续养。

　　值得一提的是 2013 年挪威乐华海鲜集团和挪威贝罗纳公司计划组建一个新的合资公司，新公司打算推出贻贝、海藻和鲑鱼共同养殖项目，以期实现海洋空间的合理化利用，提高养殖产量和质量，在 10 月，海洋森林计划全面启动第一个水产养殖场，海藻、贻贝和鲑鱼都将共同养殖在这里。这样的水产养殖场存在许多优势和宝贵资源。贻贝可以吃鲑鱼的废料产生 ω-3，海藻有助于使水变得更清洁，而且这些海藻在挪威海岸的海底取之不尽，用之不竭。贝罗纳公司主任弗雷德里克·豪格在一份声明中表示，在水产养殖场周围的海藻生长速度可以提高 40%。一旦设立海底的鲑鱼笼，那么贻贝和海藻等海洋作物便可以随之养殖。

二、加拿大贻贝养殖历史

关键词：浮筏式延绳养殖

　　近年来，随着全球贻贝产业持续走高，爱德华王子岛，这个加拿大最小的省份也因为淡菜而声名鹊起。紫贻贝（*Mytilusedulis*）作为加拿大水产养殖第二个最重要的种类，在太平洋和大西洋沿海均有养殖，爱德华王子岛省提供了超过 77% 的产量。爱德华王子岛位于加拿大东部，圣劳伦斯湾南部，西南隔 15 千米宽的诺苏姆伯兰海峡与新不伦瑞克省和新斯科舍省一衣带水相望，风景秀丽，有"海湾公园"之雅称，全岛形似弯月横卧。传说上帝把他创造的大地的一部分放在了波涛汹涌的大西洋中，于是就生成了一个美丽的小岛。

图 2-16　加拿大爱德华王子岛地图
数据来源：谷歌地图

　　当地原住居民印第安人称之为"阿拜古威特"，意即"浮于波浪上的摇篮"。圣劳伦斯海湾温暖的海水，使得王子岛的气候比加拿大大陆气候更加温和，非常适合海水养殖。这里有最负盛名的"淡菜王"，盛产加拿大蓝口贝（紫贻贝）。在加拿大东海岸最常用的养殖系统是延绳，尤其是在冬季，延绳垂下的养殖方式可以临时将贻贝降到冰层下养殖，非常利于贻贝的生长。在 20 世纪 70 年代，底层养殖方法被最广泛地应用于爱德华王子岛的贻贝和牡蛎养殖，但随着养殖技术的逐渐发展，效率较高的延绳离底养殖逐渐取代底层养殖，与野生捕捞贻贝相比，养殖贻贝每千克可提供两倍的

贻贝，产肉量通常高 3 ～ 4 倍。而加拿大的西海岸则既使用延绳也使用浮筏系统，在
2000—2010 年期间，贝类产量增加 14%，达到 3 5346 吨，而产值增长了 124%，从
2 850 万美元增至 6 400 万美元。而爱德华王子岛在 2010 年对总产量的贡献是 18 845 吨，
远在其后的是纽芬兰和拉布拉多及新斯科舍省，这三个省份共占贻贝产量的 96%。

三、南半球贻贝养殖历史

1. 新西兰贻贝养殖

关键词：延绳养殖

新西兰属于大洋洲，位于太平洋西南部，澳大利亚东南方约 1 600 千米处，介于南
极洲和赤道之间，西隔塔斯曼海与澳大利亚相望，北邻新喀里多尼亚、汤加、斐济，
有"长白云之乡"美誉。新西兰气候温和，水相稳定，全年水温相差不大的独特地理，
造就了新西兰所特有的贻贝品种——翡翠贻贝。这种贻贝也被称为绿唇贻贝，是新西
兰特有的贝类，最为显著的特点就是青口贝壳一圈有着一条很明显的绿边（图 2-18）。
里面的贝肉色泽鲜亮，个头更为饱满，是名副其实的"青口"，最为接近的是南美和非
洲本土的南美股贻贝。

但不同于其他的贻贝，这种贻贝，大部分产于新西兰温暖的北方，它们喜欢适度
暴露和高盐度的海水，同时新西兰的翡翠贻贝养殖只限制在深水潮区和海岸地区，主
要产地是在科罗曼德尔、马尔堡湾、斯图尔特岛。

图 2-17　新西兰
数据来源：联合国粮农组织 FAO

图 2-18　新西兰收获的绿唇贻贝

　　早期，自新西兰人开始居住在新西兰起，就开始有采集贻贝食用的习惯，但最初只是从软质海底或者浅滩进行捕捞，大多数贻贝也会被加工为粉末，作为抗炎药销售。直到 20 世纪 60 年代中期，新西兰开始了第一次贻贝养殖试验，主要是利用类似于加利西亚自治区（西班牙）浮筏养殖法（见图 2-19）的方法，到 1971 年进行了第一次商业性捕获（收获翡翠贻贝大约 7 吨）。到 20 世纪 70 年代中期，新西兰引进了日本的延绳垂下式养殖技术，此后，通过对延绳养殖技术的改进，逐渐发展成现在内外海域大规模的机械化的延绳垂下式养殖（见图 2-19），2000 年，新西兰的 Cawthron 研究所开展了青口贝的选择性人工育苗实验，并在 2005 年实现了通过人工育苗满足商业养殖所需育苗种的目标。

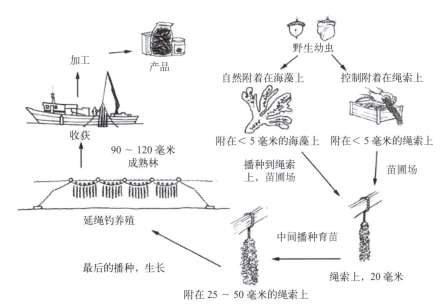

图 2-19　新西兰贻贝养殖图
数据来源：联合国粮农组织 FAO

在新西兰的适度气候下，翡翠贻贝在 18 ~ 24 个月生长到 90 ~ 100 毫米（即可正常捕获）。目前养殖新西兰翡翠贻贝的苗种繁育有两个来源，第一种是养殖者在已知有高数量浮游生物幼体的区域放绳悬挂贻贝卵，得到天然附着的贻贝苗种，虽然品质最高，但是数量有限，所以只是新西兰贻贝养殖苗种的一小部分；另一种在一年中的无规律时间有相当大量新的贻贝苗种附着在海藻上，并被冲到凯塔亚区域的海滩，是一种发生在新西兰北岛西北海岸的自然现象，也为贻贝苗种提供了重要来源。当地人小心收集海藻，并很快运给新西兰其他地区的养殖者。同时在运输过程中，这些贻贝苗种被重新放置在育苗绳上，将海藻靠着育苗绳，用浅色管状棉布放贻贝苗种。小小的贝肌肉在若干小时内会附着在绳上，几周内棉布和海藻生物低降分解，然后对其进行撒播，最佳撒播密度为每米 1000 ~ 5000 个苗种，目的是为了在捕捞、运输和重新放置过程中尽量减少贻贝生长过大的压力。

不同于欧洲的延绳式养殖，新西兰的吊绳的"主干"之间系上更多浮子。平均面积在 3 至 5 公顷之间，养殖场面积在 1 ~ 20 公顷，养殖场形状按地形和水深确定。

不同的养殖海区的贻贝有不同的生长周期，主要取决于每米绳上贻贝数量、饵料集中程度（浮游生物、碎屑）、温度和水流动，在最后播苗到达 90 ~ 120 毫米的贻贝需要 12 ~ 18 个月。养殖贻贝达到上市规格的时间比临近海域生长的野生贻贝大约快 2 倍，壳为绿色，在养成期间要求低强度的监测和加固。值得一提的是，目前新西兰养殖贻贝使用的船远比 20 世纪六七十年代使用的要先进。最初的船是小汽艇或渔船，在每个工作阶段中使用，从卵的采集到捕捞和送货。使用这些小船意味着需要很多劳力，有一定人数的要求并耗费时间。过去 30 年产量的快速增长，加上科技的革新，贻贝产业产生了新型专业化船队。

2. 智利贻贝养殖

关键词：筏式吊养

智利共和国（西班牙语：República de Chile）位于南美洲西南部，安第斯山脉西麓。东同阿根廷为邻，北与秘鲁、玻利维亚接壤，西临太平洋，南与南极洲隔海相望，海岸线总长约 1 万千米，南北长 4352 千米，东西最窄 96.8 千米、最宽 362.3 千米，是世界上地形最狭长的国家。由于国土横跨 38 个纬度，而且各地区地理条件不一，智利的气候复杂多样包括多种形态，依托于其地域、气候和水质的优越性，智利成为世界上人工养殖三文鱼和鳟鱼的主要生产国，除此之外，智利的贻贝也闻名世界。

作为南半球最主要的贻贝养殖国家，其出产的贻贝主要出口欧洲。除此之外，智利的巴塔哥尼亚拥有南太平洋寒冷而干净的水域，贻贝是智利最主要的商业贝类。智利的贻贝大多栖息在潮间带的硬基质高达 25 米深度的海洋中，这种海鲜的主要优势在于其培育和生产基地：来自于南极的南太平洋寒冷而干净的水域，享有优越的生态环境以及无污染、纯天然的美丽风光。在智利，也是利用延绳养殖贻贝，将天然采集或人工育苗后得到的贝苗附着在网状的延绳上，吊绳一般向水下 5～15 米深，吊绳全部固定在特定的养殖绳子上，然后利用充气的浮筏进行固定，在贻贝生长期间，由于重量增加，在吊绳的"主干"之间系上更多浮子，以防止延绳脱落。

智利贻贝养殖区主要集中于南部的奇洛埃岛（Chiloé）和巴塔哥尼亚地区，因为是高质纯净的冷水域，冷暖交替的上升流提供了大量的浮游生物和营养物质，在此生长的智利贻贝味道鲜美且营养丰富。目前在国内市面上可以购买到巴塔哥尼亚地区 SUDMARISG 公司、SLANDREWS 公司、TORALLA 公司、ORIZQN 公司生产加工的单冻肉类、半壳速冻、整只、灌装等优质的贻贝产品。

四、亚洲贻贝养殖

亚洲也是贻贝产品的重要产区，韩国和日本只有部分地区养殖贻贝，且贻贝产量不高，仅供国家自给自足，同时还会从国外进口大量的贻贝。我国的贻贝全球产量排名第一，贻贝养殖面积广阔，在华北、华南、东南沿海均有养殖。我国的贻贝养殖主要是筏式养殖，贻贝养殖主要分自然采苗（或人工育苗）和养成两个阶段。养殖用苗主要来源于自然采苗，即在贻贝繁殖季节选好采苗海区，设置浮筏，适时投放悬挂采苗器（附苗器），让海水中的贻贝幼虫变态后及时附上长大成苗，这些贻贝苗饲养于漂在海水中的绿色纤维绳索之上，绳索的底部拴在巨大的混凝土块上并沉入海底，贻贝会在生长过程中依附这根绳索。清澈的海水非常适合贻贝的生长，海洋给予贻贝充足的养分，所以肉质非常肥美，这种自然采苗的方法为养殖生产提供大量苗种，但是此法易受气候海况等环境条件的影响，因此每年附苗量丰歉不定。在自然苗源严重不足时，除从外地移苗外，可借助于人工育苗，我国人工育苗的难题已经基本解决，现在可大规模提供高质量的贻贝苗种。具体的贻贝养成方式可分为插桩式、底播式、篱笆式及筏式等。当今以筏式养殖最先进，中国一般在养成海区设置延绳浮筏，将分包移至养成绳（1.5～2 米长）上的贝苗，分挂在浮筏上养成（绳间距约 0.5 米）。此外还可将贻贝等套养或间养，以增加产量和提高经济效益。贻贝分苗后经半年或 1 年即可收获。收获时将成串的贻贝从养殖浮筏上解下，集中装运鲜销或加工。

除此之外，在位于东南亚的菲律宾，利用插竹养殖法养殖贻贝一直是一大特色，其养殖的贻贝被称作"塔杭"，养殖渔民把青竹插于浅海，把粗而长的真竹插于深水，

让贻贝自然附着于竹竿上,然后到收获的季节就可以"坐享其成",基本上一个夏天就可收获;否则时间过长,成串的贻贝可能因其本身重量而脱落。这种贻贝养殖法必须有亚潮带条件,因此,通常贻贝养殖在牡蛎养殖场之外,离海岸更远的水域。虽然规模化较小,但收获的贻贝是野生天然的,口感也非常不错。

此外在地中海北部养殖贻贝的国家如意大利和南斯拉夫等国,其采用的养殖方法类似我国的一些沿海地区的绳架养殖法,将贻贝苗吊挂在系有浮漂的缆绳上生长。

五、各国贻贝的主要养殖方法比较

不同的养殖方法各有利弊,且适宜的海滩环境各不相同(表2-2),因此需要针对不同的海域环境,考虑生产成本等各种因素,随着科学技术的进步,各国纷纷投身贻贝养殖的机械化建设中,总的来说,全球各地偏向于机械化生产的主要是利用延绳式浮筏养殖,这种养殖方法可以大面积使用,不受滩涂的限制,且方法简单,管理起来方便,具有广阔的应用前景。

表2-2 各国贻贝主要养殖方法比较

养殖方式	具体	养殖地区和国家	优缺点
台筏式养殖	台筏式养殖是浮筏养殖的一种,最早的台筏是用废旧的渔船船体做成的,后来,用4到6个水泥或钢质浮体,浮体上有木质格架(按木)。格架是由边长5厘米的方形木材制成(每空45厘米),养殖绳就拴在格架上,台筏的大小不等。但平均台筏为23米×23米,可挂700根绳索。木质格架由支柱垂下来的拉索拉住。低潮水深约1米时,用大型水泥锚将筏固定在海湾近岸处。每根苗绳长9米,绝不能碰到海底,以防海星和其他底栖掠食性动物的侵害	西班牙西北部大西洋沿岸北纬42°附近的海湾	可以直接在台筏上作业,且能有效稳定苗绳,以抵御一些特殊的天气状况,适合深海的贻贝养殖,如果在沿海附近低潮时需要固定台筏,以防海星和其他底栖掠食性动物的侵害。同时管理起来比较麻烦

续表

养殖方式	具体	养殖地区和国家	优缺点
延绳式浮筏养殖	延绳式浮筏养殖是浮筏养殖的一种，是一种新兴的养殖方法，与台筏的区别就是，浮筏的体积较小，主要由泡沫聚苯乙烯和玻璃纤维制成，因其用法简单方便，适合机械化生产，所以很多国家也开始使用	瑞典、中国、韩国、日本、新西兰、智利等国家	使用的浮子较小，适合大规模的养殖，但是随着贻贝的生长，可能会出现下沉等情况。同时由于浮筏的不可较多次重复利用性，因此需要不停更换浮筏，以保证贻贝的养殖
底层养殖	先挖取天然贝苗，这时贝苗已长到8～13米，然后，将贝苗运到养殖区，这里的水深3～6米。大约20个月后，贻贝长到7厘米，即可上市	德国和荷兰	底层养殖，播种苗种时非常简单，主要根据底层沙土状况而定，在收获时，需要用拖网，就相当于把海底犁了一遍，对海床破坏很大，同时，贻贝也会受到海星等其他底栖掠食性动物的侵害。只适合浅海地区的贻贝养殖
插桩养殖	选取合适的海域，把栎木桩打入海底，露出泥沙的部分为1.5或2米，在露出部分的底部30厘米处缠上光滑的塑料，以阻止海星、螃蟹和其他掠食性海生动物，同时木桩一般是成排布置，间距约1米，行距为3米左右。将贝苗收集到绳上后，然后将苗绳缠绕在木桩上进行养殖	法国南部的大西洋沿岸，一直到北部的布里特尼和诺曼底沿海	常用于海区底质为泥沙质的海域，且打桩养殖的方法非常的费时费力，开始生长，很快布满整个木桩，这时，养殖工必须将外面几层扒去，使其变薄。将扒下来的贻贝装入塑料网里然后将这些柔软的网管缠绕在空木桩上，又开始生长
浮网养殖	浮网养殖方法是荷兰人创新的一种贻贝养殖法，具体是将贻贝的幼苗播种在一张网上，让浮网漂浮在海床上方，经过大约3年的生长后，只需要将浮网捞出水面即可完成贻贝的采收	荷兰	浮网养殖法，将浮网漂浮在海床上方，既可以防治海星等底栖生物的破坏，同时又能有效保护海床，一举多得，缺点是浮网可能会随海水流动，因此需要加以固定

六、贻贝养殖业的发展前景简析

贻贝之所以在世界各沿海国家得到有效发展，成为仅次于牡蛎的世界第二大养殖双壳贝类，分析其原因是由于贻贝分布广，从寒带的海床上到热带沿岸都能见到贻贝的身影，从海岸的礁石到深达200米的深海；养殖容易，对水质要求不高，管理简便，

只要海水中浮游生物等天然饵料足够丰富，贻贝就能够有效生长；繁殖力强、生长快、产量高，贻贝繁殖能力极强，每年有两阶段的产卵期，一只成熟的贻贝一次能产卵几百到几千万粒，且25天左右就可发育成稚贝附着，因而能有效满足苗种的需求。除此之外贻贝还具有下列五个特点：

（1）贻贝食物链很低：直接以滤食水中初级生产力（浮游生物、细菌和非生物有机碎屑）为生；

（2）生长快：海产贝类中生长速度较快的种类，在夏、秋，过滤有机物的20%～30%能转化为贝肉，养殖1～2年即可。紫贻贝：满一龄壳长可达6厘米，体重约20克；满二龄8厘米，体重约41克；三龄9.5厘米，体重约56克。最大个体15厘米，寿命10年左右，一、二龄生长最快；翡翠贻贝：满一龄壳长5～7厘米；二龄8～10厘米；三龄11～13厘米；四龄14～15厘米；五龄16～17厘米，即达商品规格；

（3）生命力强：对温度、盐度适应范围广，可塑性大，耐干旱能力强，适合苗种运输，北苗南移养殖效果好；抗污力强，适应环境能力强；有坚韧的足丝附着，抗风浪力强；喜群聚习性，非常适合高密度养殖，而且很少出现寄生微生物或其他病源引起的灾难性群体死亡；

（4）投资少，生产设备简单：具有底栖生物通常在生产设备、建筑的投资和占用空间方面均比活动性生物少且易于收成之特色；

（5）产量高：据报导，按每公顷每年产量计算，西班牙加利西亚湾的贻贝养殖产量比任何其他形式的畜牧业高500～600倍，即贻贝年产量可达150吨／公顷鲜肉，其产量之高也是任何鱼类和水产养殖业所望尘莫及的。目前世界渔业的一个主要特点，是各国正迅速发展水产养殖业，贻贝将在海水养殖业中起重要作用，贻贝养殖业的发展很可能会超过牡蛎养殖业而跃居首位。

第三章

我国贻贝产业化

一、产业的一般概念

产业是人类通过某些系统化、规律性的手段，将分散的资源以某种形式集聚起来，这种资源持续不断地转化为人类社会所需的财富，这种资源的集聚形态称为产业；随着生产力的不断发展，使得社会分工不断地细化，进而产业的分类也越来越细，新兴的产业不断出现，产业的种类不断增多。一般来说，狭义的产业是指，具有某种同类属性企业的总和，因此，产业的概念也可以表述为具有某种同类属性的集合或系统。产业以市场为生产目标，产业功能的形成需要经过不同的生产工艺环节和阶段。生产力不断进步，专业化生产的趋势加强，产品生产的各个阶段逐渐被分离，分别交由不同的企业来完成，因而各企业间逐渐形成了分工合作的关系，而处于产品生产同一功能环节的各企业之间则成为竞争关系，逐渐演进成为一个产业。

在传统经济学理论中，产业指经济社会的物质生产部门，独立且不同的部门之间有着较为清晰的界限，各自针对不同的资源和人群，形成一条生产独立的产品或服务链。因此在某种程度上每个生产部门即对应一类相对独立的产业，如"农业""渔业""汽车制造业""银行业"等；从市场角度来讲，产业也可看作是具有某种同类属性的经济体或经济活动的集合，如收藏业；而当今常提到的产业则多指将国民经济整体划分为若干部类而形成的"产业集合"概念，即第一产业（农业）、第二产业（工业）和第三产业（服务业）。

关于贝类产业，主要是以贝类动物为劳动对象，在第一产业的基础上同时融合二、三产业的，多行业、多部门的综合性产业。主要包括贝类养殖业、贝类捕捞业、贝类加工流通业、国内外进出口贸易几方面（见图3-1）。同时"贝类产业"一词具有两个层面的指向性，一是基于具体某一品种的贝类所构成的产业关联关系，如牡蛎产业、贻贝产业、扇贝产业等等；一是涵盖所有贝类品种而言的相关产业群体总称，如欧洲贝类产业、中国贝类产业、福建贝类产业等。

本书主要借鉴上述有关产业的论述对贻贝产业的概念作初步界定：以市场为导向，以养殖户为基础，以加工企业为依托，以科技服务为手段，以满足贻贝市场需求为生产目标，围绕贻贝的育苗、养殖、收获、加工、销售把贻贝生产过程中的各个环节联结起来，形成的一个系统的产业。贻贝产业链主要内容包括苗种的繁育、海水养殖、加工生产、储藏运输以及产品的销售等环节，其中养殖物资、加工设备处在产业链上游，海水养殖和成品的加工是产业的中心环节，产业链下游则为消费者市场，海水环境的保护与产品的检验检疫为产业的内外部环境。

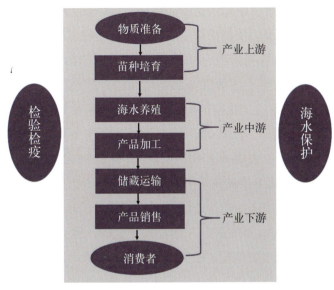

图 3-1　贻贝产业链示意图

图 3-2　贝类水产品交易市场图

表 3-1　我国主要养殖贻贝分布

分布	紫贻贝 *Mytilus eduis*	厚壳贻贝 *Mytilus corucscus*	翡翠贻贝 *Perna viridis*
水平分布	黄海、渤海	黄海、渤海、东海、台湾海峡	东海南部和南海
垂直分布/米	0~2	0~20	1.5~8.0

二、贻贝养殖大省简介

自改革开放以来，我国海洋经济一直持续快速发展，已经成为国民经济新的增长点，但是随着近海渔业资源的日渐枯竭和捕捞渔场范围的限制等原因，特别是 200 海

里经济专属区的设立及中日、中韩渔业协定的签订,沿海可利用渔场面积大幅度缩小,不仅限制了捕捞产业的发展,使捕捞产业的发展受到限制,也直接影响到渔民的生计问题,因而大力发展海水养殖产业已成为帮助沿海渔民转产转业的重要途径。到目前为止,我国已经成为世界上主要的海水养殖大国,海水养殖面积和养殖产量高居世界首位。据 FAO 统计报道,我国贝类的年产量占世界贝类总产量的 60% 以上。据中国渔业统计年鉴统计显示,2011 年,我国贝类养殖产量为 1 266.65 万吨,海水养殖贝类产量 1 179.6 万吨,占海水养殖产量的 76.0%;2012 年我国海水养殖总产量达到 1 643.810 5 万吨,其中贝类养殖产量为 1 208.439 3 万吨,占海水养殖总产量的 73.8%,暂居世界首位。

贻贝的养殖在我国海水养殖业中占据着重要地位,据统计,2013 年,贻贝产量 70.70 万吨,居我国海水贝类第四位。贻贝作为我国主要的双壳经济贝类,因其投资小、效益高,近几年来发展势头迅猛,虽年产量逐年递增,但国内外市场仍供不应求,成为许多地方渔业经济的重要增长点。贻贝的养殖在我国海水养殖业中占据着重要地位。目前,我国国内贻贝人工养殖的主要种类有紫贻贝、厚壳贻贝和翡翠贻贝三种,浙江、辽宁、山东、福建、江苏、广西、广东等地均有贻贝养殖(见图 3-3),其中以山东、广东、福建、浙江的贻贝产量较高,因此贻贝也成为这几个省份海水养殖产业中着力发展的养殖品种。其中紫贻贝主要分布于我国黄海、渤海沿岸;厚壳贻贝主要分布于黄海、渤海及东海沿岸,其中浙江省厚壳贻贝产量最大;翡翠贻贝主要分布于东海南部及南海的沿岸地带。

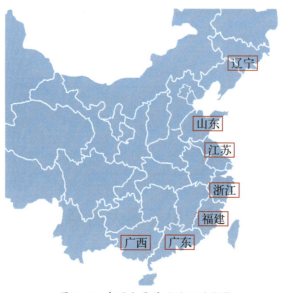

图 3-3　我国主要养殖贻贝的省份

表 3-2　中国各省份贻贝养殖面积 / 公顷（2008—2015）

地区	2008年	2009年	2010年	2011年	2012年	2013年	2014年	2015年
河北省	432	381	381	311	772	835	345	345
辽宁省	1 541	1 620	1 620	1 905	1 770	2 050	4 340	2 018
江苏省	1 006	4 152	4 152	6 202	4 927	3 682	3 515	3 402
浙江省	1 846	1 873	1 873	2 088	1 390	1 304	1 440	1 402
福建省	1 338	1 306	1 306	1 497	1 288	1 230	1 251	1 491
山东省	19 985	23 230	23 230	24 808	30 636	37 490	36 142	31 305
广东省	5 239	6 007	6 007	6 375	5 519	5 918	4 101	3 768
广西壮族自治区	150	160	160	160	162	171	174	175

数据来源：《中国渔业统计年鉴 2008—2015 年》

表 3-3　中国各省份各年贻贝产量 / 吨（2008—2015）

地区	2008年	2009年	2010年	2011年	2012年	2013年	2014年	2015年
河北省	1840	250	250	638	491	1 050	558	770
辽宁省	52 687	35 134	35 135	51 103	39 945	40 929	35 083	36 373
江苏省	20 989	54 329	54 329	41 759	45 464	53 576	56 340	49 007
浙江省	68 081	71 928	71 928	83 276	56 975	77 054	82 445	88 113
福建省	62 713	63 632	63 632	69 930	69 050	73 503	78 249	91 124
山东省	152 655	315 922	315 922	332 104	403 405	422 189	390 265	44 272
广东省	112 663	87 572	87 572	114 394	83 103	86 723	94 036	95 450
广西壮族自治区	8 274	8 605	8 605	8 953	8 968	9 371	10 101	10 474

数据来源：《中国渔业统计年鉴 2008—2015 年》

1. 辽宁省

自然与养殖条件

辽宁省海域广阔，辽东半岛的西侧为渤海，东侧临黄海。近海水域面积达 6.4 万平方千米。沿海滩涂面积为 2 070 平方千米。陆地海岸线东起鸭绿江口西至绥中县老龙头，全省拥有海岸线共 2 878.5 千米，其中，大陆岸线 2 178.3 千米，岛屿岸线 700.2 千米；全省滩涂总面积约 1 696 平方千米，约占全国的 9.7%，居全国第六位，其中辽东湾沿岸的滩涂面积 1 020 平方千米，约占全省的 60%，黄海北部的沿岸滩涂面积约 676 平方千米，

约占全省的 40%；全省有岛、礁 506 个，其中面积 0.01 平方千米以上的岛屿 205 个，总面积 189.21 平方千米；全省湿地面积共约 2 132 平方千米。辽宁省已形成以大连、营口港为核心，并以丹东、锦州和葫芦岛港为辅助，与沿海地方中、小港相互连结的海上交通综合运输体系，同时还拥有 40 余条海上通道。辽宁省地处北纬 39°，海岸线曲折多内弯，浅海贝藻资源丰富，水域营养盐含量高，补充源充足，异养菌量比大陆架区或大洋区高出数倍乃至数千倍，水中有机物含量较高，尤其是大连长海县一带泥沙底质岸段，是发展贝类、藻类养殖的优良海区，因此，得天独厚的养殖条件和适宜的政策使辽宁省成为北方地区贻贝的重要产区之一。

养殖贻贝基本情况

作为贻贝养殖产业兴起较早的省份，贻贝养殖海区主要分布在葫芦岛的兴城、大连的金州和长海县等附近海域，这些海域都是典型的海洋季风气候，由于地处北方，所以养殖的贻贝品种主要是紫贻贝，养殖方法以筏式养殖为主，其中辽宁大连沿海的贻贝产量居全国之首，其品质亦佳。在过去相当长的一段时间，贻贝养殖规模一直很小，近几年，开始出现盲目扩大贻贝养殖面积，同时因大范围的加工、销售渠道仍未打开，致使大批量的贻贝产品滞留，经济损失严重，当地政府积极进行监控，2015 年养殖面积得到有效控制，产量也趋于稳定，据相关资料显示：2014 年贻贝养殖面积仅为 4 340 平方米，贻贝产量达到 3.5 万吨；2015 年贻贝养殖面积更是缩减到 2 018 平方米，贻贝产量达到 3.6 万吨（表 3-2，表 3-3）。

有人把贻贝与海带、裙带菜及海胆合称为"大连四海鲜"。目前，以长海县贻贝海水养殖业为中心，相关配套产业如苗种供应、成品加工、产品储藏与运输以及市场营销策略等不断完善，基本形成了一条结构清晰的产业链条，但是由于现有贻贝多属于近海养殖，养殖面积小，品种单一，且品质得不到有效保证。同时由于辽宁省主打的水产养殖贝类并非贻贝，而是虾夷扇贝，所以贻贝产品在市场上并不占优势。值得一提的是，2016 年由于对贻贝产品质量监管工作不到位，导致曾出现贻贝中毒事件，后经过政府积极加强海洋渔业养殖管理，增加贻贝（海虹）等海产品质量监测和检测频次，事件波及范围得以控制，但是，部分养殖户仍受到一定程度的经济损失。

2. 山东省

自然与养殖条件

山东半岛三面环海，大陆海岸线北自无棣县的大口河河口，南至日照市的绣针河河口，全长 3 345 千米，占全国大陆海岸线的 1/6。沿海滩涂面积约 3 000 平方千米，

15 米等深线以内水域面积约 13 300 平方千米，两项共 16 300 平方千米，为全省陆地面积的 10.4%，所以海洋资源在开发利用方面大有可为。全省海洋面积 15.95 万平方千米，近海海域中，有天然港湾 20 余处，共有海岛 589 个，海岛总面积约 101.79 平方千米，海岛岸线长约 572.78 千米。山东海洋资源得天独厚，近海海域占渤海和黄海总面积的 37%，滩涂面积占全国的 15%。山东省境内有多条河流汇聚入海，近海为百米之内的大陆架，具有丰富的营养盐，对海洋生物来说饵料十分充足。据统计，山东的烟台近海水域年平均植物量、浮游动物量、底栖生物分别为 493 万个 / 立方米、56 ～ 116 千克 / 立方米、374 克 / 平方米，是海洋生物繁衍和生长的良好场所。同时山东大部分沿海拥有大面积滩涂，且滩涂大都以高坡山峦为天然屏障，具有很好的排洪避风条件，同样因为没有强风，使得滩面变化幅度很小，滩体凝聚力和保水性能强，且滩内微生物和腐殖质含量多，敌害比较少，特别适宜发展贻贝等贝类的养殖。

贻贝养殖基本情况

山东省曾是我国贻贝的主产地，如 2013 年山东省年产量就高达 42.2 万吨，占全国总产量的 60% 以上。贻贝养殖区域主要分布在日照、烟台和威海等地区，此外青岛市部分海域也有贻贝养殖基地。其中，烟台的贻贝养殖产业兴起较早，始于 20 世纪 70 年代初，1977 年养殖面积达 1 400 平方米，年产量达 4.27 万吨，占海水养殖产量的 4%。但因盲目扩大养殖面积和加工、销售渠道未成功打开等原因，导致贝类市场供大于求，出现销售价格暴跌和产品大量滞销问题，养殖户损失惨重。由此产生的后果是：养殖户们对贝类养殖前景丧失信心，海水养殖行业遭到重创，到 1980 年，全市养殖面积仅剩 266.67 公顷。但改革开放后，随着国家对海水养殖产业的大力扶持和帮助，贻贝养殖又恢复了崭新面貌。20 世纪 90 年代初，贻贝养殖面积恢复发展到 2 667 公顷，年产突破 8 万吨，占全市海水养殖总年产量的 48.5%。自 2008 年起，烟台、威海等地区贻贝产量不断增长，贻贝产业发展空间很大，已经成为国内外重要的贻贝产区。2014 年全市贻贝产量为 13 万吨，占全市贝类总产量的 13%，其中开发区、蓬莱市、长岛县产量较大。据相关资料显示：2014 年贻贝养殖面积仅为 36 142 平方米，贻贝产量达到 39 万吨；2015 年贻贝养殖面积更是缩减到 31 305 平方米，贻贝产量达到 4.4 万吨（表 3-2，表 3-3）。

山东省的贻贝现今仍主要以鲜销为主，贻贝的加工利用只占到总量的 16.3%，加工利用主要以初级加工产品为主，精深加工利用的产品几乎为零。目前烟台市面上主要的贻贝产品有：冻贻贝、淡菜（贻贝干）、贻贝罐头、调味品，其中冷冻的颗粒贻贝出口韩国、俄罗斯等多个国家。

3. 福建省

自然与养殖条件

福建省的东南面与台湾海峡（东海和南海之间，平均宽180千米）交界，海岸线十分曲折，虽然海岸线直线长度仅为535千米，但曲线长度却高达3324千米，约占全国海岸线总长度的18.3%。曲折的海岸线也形成了众多的海湾，如福宁湾、三沙湾、罗源湾、湄洲湾、东山湾等，且重要的海港包括福州港、厦门港、泉州港等。沿海的岛屿共1404个，总面积约为1200多平方千米。其中的福建平潭县位于北纬25°15′—25°45′，东经119°32′—120°10′，东临台湾海峡，西隔海坛海峡，与福清市、长乐、莆田市相邻，南近莆田市秀屿区南日岛，北望白犬列岛，陆地面积371.91平方千米，滩涂64.65平方千米，海域面积6000多平方千米，海岸线长399.82千米，由海坛岛为主的126个岛屿组成，其中主岛海坛岛是著名的渔业基地。福建的平潭县海岸线蜿蜒曲折，其类型有基岩侵蚀海岸、红土侵蚀海岸、沙质塘积海岸、沙泥质和混沙质塘积海岸。沿岸海域广阔，其中0～10米等深线的浅海面积240平方千米，10～20米等深线的沿岸水域面积1129平方千米，10～20米等深线的海域面积256.4平方千米，40～80米等深线的近海水域面积4630平方千米，浅海和深海均适合翡翠贻贝的生长与繁殖。

福建省贻贝养殖情况

福建也是贻贝养殖大省，其中主要养殖区位于平潭县境内，从民国时期开始，平潭就以出产蝴蝶干闻名，县内自然海区普遍繁殖厚壳贻贝，虽然繁殖力很强，但生长极慢，养殖效益不高，后人工采集野生贻贝育苗成功后，开始了大面积的养殖。其中平潭县白青乡和流水乡有着得天独厚的养殖淡菜的天然优势，海域干净，无任何工业污染，养殖区属于大嵩岛海域，海水循环速度快，水深，淡菜养殖不易受泥沙影响，适宜的气候和海区条件，使得白青乡和流水乡成为福建两大淡菜主产区，而养殖规模最大的要数白青乡国彩村。国彩村是白青乡最早开始养殖淡菜的渔村，目前共有11户养殖户，2016年白青乡养殖淡菜面积为1000多亩，占全区淡菜养殖面积的60%。据相关资料显示：2014年贻贝养殖面积仅为1251平方米，贻贝产量达到7.8万吨；2015年贻贝养殖面积更是缩减到1491平方米，贻贝产量达到9.1万吨（表3-2，表3-3）。

平潭所产厚壳贻贝肉质丰满、味道鲜美，而且富含多种营养成分，且具有高蛋白、低脂肪的特点。福建省的贻贝现今仍主要以鲜销为主，贻贝的加工利用比例也很小，加工利用也主要以初级加工产品为主，精深加工利用的产品几乎为零。目前福建省市面上主要的贻贝产品有：冻贻贝、蝴蝶干（贻贝干）、贻贝罐头、贻贝油等。

4. 广东省

自然与养殖条件

广东省位于南岭以南，南海之滨，是中国海岸线最长的省区。全省海岸线长达8 500千米，占全国海岸线的三分之一以上，其中大陆海岸线长3 368.1千米（东经109°42′—117°15′），共有岛屿1 134个，岛岸线长2 414.44千米，虽不及浙江岛屿多，但分布范围之广远非浙江所能及。且广东沿海海岸线曲折，形成了山谷溺谷海岸、台地溺谷海岸、沙坝潟湖海岸、三角平原海岸等众多海岸类型；海湾众多，拥有大亚湾、广海湾等大批海湾；且有众多的良港，其中天然渔港就有150多个。广东省已成为大力发展海洋捕捞和养殖的大渔场，还有浅海滩涂100多万亩，可辟为养殖珍珠、牡蛎、贻贝、虾、蟹和海参、鲍鱼、海带、紫菜等海洋产品的天然海洋牧场。广东地处亚热带，因而养殖的贻贝品种主要为翡翠贻贝，其中贻贝的主要养殖区有江门、阳江、汕尾，汕头等市的有关县区，江门市辖的台山县养殖翡翠贻贝最多，是广东最大的贻贝养殖基地。该海区的浮游生物、底栖生物、无脊椎动物、潮间带藻类等资源也很丰富，非常适合贻贝的养殖。

贻贝养殖基本情况

广东省贻贝养殖基地主要在江门市辖的台山县，其依山靠海，境内河流纵横交错，是珠江三角洲著名的"鱼米之乡"。台山县养殖翡翠贻贝最多，目前该县贻贝养殖区域主要分布在上川岛、下川岛附近海域，该海区拥有丰富的贻贝饵料和各种有机质等碎屑，是翡翠贻贝生长的绝佳之地。目前广东省贻贝养殖的方法主要有筏吊养殖和插桩养殖两种方法。据相关资料显示：到2013年时，贻贝养殖面积已达到了5 918平方米，当年贻贝产量达到8.6万吨；到2014年时，贻贝养殖面积已达到了4 101平方米，当年贻贝产量达到9.4万吨；2015年贻贝养殖面积更迅速增长到3 768平方米，当年贻贝产量达到9.5万吨（表3-2，表3-3），广东的贻贝养殖一直呈稳中有进的态势。

5. 浙江省

自然与养殖条件

浙江省大陆海岸线和海岛岸线长达6 500千米，占中国海岸线总长的20.3%，居中国首位。其中大陆海岸线2 200千米，居中国第5位。岸长水深，可建万吨级以上泊位的深水岸线约290.4千米，占全国的1/3以上，10万吨级以上泊位的深水岸线105.8千米。

浙江海域面积 26 万平方千米，面积大于 500 平方米的海岛有 3061 个，是中国岛屿最多的省份，其中面积 495.4 平方千米的舟山岛（舟山群岛主岛）为中国第四大岛。有沿海岛屿 3 000 余个，水深在 200 米以内的大陆架面积达 23 万平方千米，东海大陆架盆地有着良好的石油和天然气开发前景。其陆域面积有 1 940.4 万公顷，90% 以上无人居住。港口、渔业、旅游、油气、滩涂五大主要资源得天独厚，组合优势显著。截至 2013 年，有港口 58 个，泊位 650 个，年吞吐量 2.5 亿吨。海岸滩涂资源有 26.68 万公顷，居中国第三。浙江海域辽阔，气候温和，水质肥沃，饵料丰富，适宜多种海洋生物的栖息生长与繁殖。生物种类繁多，素有"中国渔仓"美誉。

养殖基本情况

浙江省的嵊泗列岛是我国贻贝的重要产地，"嵊泗贻贝"质量上乘，味道鲜美，广受大家青睐，产品持续畅销国内外市场多年，每年出口量约占全国贻贝总出口量 60% 左右，是我国首个海洋类产品地理标志集体商标。文献记载，嵊泗贻贝历史悠久，可以追溯到新石器时代，那时先民们就已经开始捕捞采摘和食用贻贝。据嵊泗县统计局的调查数据显示，截至 2014 年底，全县贻贝养殖面积已达 2.24 万亩，养殖总产量 8.26 万吨，实现产值高达 1.82 亿元，贻贝养殖技术使当地捕捞渔民成功实现了转产转业，养殖贻贝现已成为居民收入的主要来源和致富奔小康的主要途径。全县规模以上成形的贻贝加工企业共 7 家，累计实现产值共 2.75 亿元，占全县工业总产值一半以上。目前来看，贻贝产业虽已经成为当地的支柱产业和优势产业，但是总体上来讲，嵊泗县贻贝产业还存在诸多问题亟待解决，比如贻贝人工育苗和养殖技术不成熟，贻贝品质不稳定，易受自然灾害影响，加工与销售市场拓展不够等，严重制约着贻贝产业的快速发展。据相关资料显示：2014 年浙江省贻贝养殖面积仅 1440 平方米，贻贝产量达到 8.2 万吨；2015 年贻贝养殖面积缩减到 1 402 平方米，贻贝产量达到 8.8 万吨（表 3-2，表 3-3）。

图 3-4　浙江嵊泗贻贝养殖景象

三、贻贝产业简析

1. 我国贻贝养殖情况

我国目前养殖贻贝的地区主要集中在山东日照、福建平潭、浙江温台、辽宁大连等地，2015 年养殖总产量约 80 万吨。主要的贻贝养殖形式有两种：贻贝企业养殖和个人养殖，其中大部分地区是以贻贝养殖企业的形式实行养殖，养殖面积广阔，技术操作集中，抗灾害能力比较强，但需要各养殖企业在政府进行备案。据不完全统计，我国涉及贻贝养殖的企业有 80 多家，规模较大的有长岛县银杏海珍品有限公司、烟台明仁食品有限公司（养殖场）、山东日照宋有胜养殖场、江苏省赣榆县海头镇浅海水域养殖协会，其中经国家质量监督检验检疫总局正式备案的出口源养殖企业有 26 家；另一种是以养殖户的形式进行的个人养殖，这种形式尤其在福建省和浙江省居多，但是这种养殖形式不仅养殖范围相对分散，且个体承受灾害的能力较弱。据嵊泗县经济和信息化局统计，2011 年福建平潭县流水镇、白青乡有 80 多家个体养殖户；浙江嵊泗有 600 多家养殖户。此外，各部分地区根据海域情况进行养殖，山东日照岚山区养殖紫贻贝 24 万吨；2011 年福建平潭县的流水镇、白青乡养殖紫贻贝 4 000 多亩，产量在 20 000 吨以上，大部分的紫贻贝苗种来自辽宁大连，福建福鼎、连江等也有少量贻贝养殖产业。2011 年浙江省的温、台二市贻贝养殖品种多半为厚壳贻贝；苍南养殖面积为 800 亩，其中，80% 为厚壳贻贝，产量约 3 000 吨；平阳南麂岛养殖面积 1200 ～ 1300 亩，产量约 2400 吨；瑞安北麂岛养有厚壳贻贝 20 多亩，产量约 30 吨。值得一提的是台州市有 6 个单位养殖贻贝，面积约 472.5 亩，分布在玉环漩门、温岭石塘、椒江大陈和三门旗门港等地，总产量约 1 200 吨；2014 年"嵊泗贻贝"养殖面积 1 226.7 公顷，"嵊泗贻贝"养殖产量突破 8 万吨，养殖产值达 1.64 亿元，比上年增长 38.6%；山东省贻贝养殖面积 36 142 公顷，养殖产量突破 42 万吨，比上年增长 0.4%，其他地区也呈稳定的增长。同时随着贻贝产业的崛起，各省也在积极扩大贻贝养殖规模，提高海洋资源的利用率以促进贻贝产业的发展。

2. 贻贝加工与销售情况

目前国内贻贝除鲜销外，加工产品主要品种为：冷冻制品、罐头制品和干制品。贻贝鲜销主要受季节、地区和交通限制，因此销售覆盖面积较小，销售数量有限；贻贝干品和罐头不受季节、地区等限制，但是由于口感上的限制，销售数量也有限；贻贝冻品一般经过特殊的冷冻处理，保留了贻贝原始的状态。

据嵊泗县经济和信息化局调查显示，山东日照部分地区3种产品均有生产，日照市的岚山区往年贻贝以鲜销为主，少量加工成干品，部分冻品会在国内上市和出口国外。福建平潭养殖贻贝产品50%为鲜销形式，50%加工成干制品，全县21户干品加工户2011年加工干品近1000吨。其他地区则以邻近地区鲜销为主，2012年，山东日照岚山区由于收割期缩短，鲜销时间减少，造成大量贻贝只能滞入加工环节，截至4月底，该区共加工制成品1.4万吨，其中：罐头制品6 000 ~ 7 000吨，冷冻制品7 000吨，干制品数不详。其中3 000吨冷冻制品销往韩国、俄罗斯，平均售价1.2万元/吨（规格200 ~ 300粒/千克）。

干品市场

江西九江市最大的干品市场内有5家经营户常年经营贻贝干（俗称淡菜），经营年份最长的有20年，货源基本来自周边嵊泗、山东和福建，产品主要销往下辖县区和临近的安徽、湖北几个山区县，常年销售且以年底为旺季，主要食法为煲汤。2011年受"梅花"台风侵袭后，嵊泗贻贝产量很低，淡菜质量较差，仅收入100吨左右。广东省最大的海味干果交易聚集地——广州市一德路海味干果交易中心以销售鲍鱼等高档和进口产品为主，经营淡菜的经营户也就10户左右，2011年总的销量约1000吨，来自嵊泗、大连、福建的产品分别有500吨、200吨、300吨；由于价格相对低廉，主要销往龙川、和平等粤西北边远区县。据商会秘书长介绍，福建产淡菜的50% ~ 60%、山东产淡菜的70% ~ 80%均销往广州，2011年进价分别为17 ~ 18元/斤和15 ~ 16元/斤，皆低于嵊泗淡菜价格。

据统计，2011年福建平潭加工淡菜约1000吨，其中近500吨由福州最大的海峡农副食品物流中心一营销大户收购，其余也是销往广州、九江等地。该物流中心经营嵊泗淡菜的仅2家，最高年份有400吨嵊泗淡菜在此销售。浙南地区的一些干品市场，如瑞安水产城有2家经销嵊泗淡菜，主要销售方向是衢州、宁德和江西上饶等地，全年销量也就150吨左右。

鲜销市场

根据嵊泗县经济和信息化局2011年的调查看（表3-4），对于养殖户和鲜品交易市场，广州黄沙水产交易市场贻贝整体交易量较少，只有5 ~ 6户在经营，品种是来自广西北海及广东阳江一带的翡翠贻贝。福建平潭约1万吨的紫贻贝主售地为宁波。苍南养殖的约400吨紫贻贝集中在6—7月两个月份收割，每天鲜销量4 ~ 5吨，售价1.8元/斤，销往福州、福鼎、温州等地。厚壳贻贝日销量1 ~ 1.5吨，售价3.2 ~ 3.5元/斤。温台地区养殖的多半为厚壳贻贝，紫贻贝主要销往温州、瑞安、台州及杭州、宁波。

表 3-4　江浙紫贻贝养殖及销售情况表（2011 年）

	面积（亩）	产量（吨）	主要销售地	上市期限	鲜销率
福建平潭	40 00多	20 000	宁波	7—8月	50%
温州苍南	200	400	福州、福鼎、温州	6—7月	100%
平阳南麂	600	1 100	温州	6—7月	100%
台州	372.5	180	杭州、宁波、温州	6—7月	100%

数据来源：嵊泗县经济和信息化局

出口市场

我国贻贝出口品类主要是冷冻的颗粒、半壳、全壳贻贝。贻贝出口亚洲、东南亚、欧洲、北美等 30 多个国家和地区，其中我国山东岚山、浙江嵊泗、广东湛江一直是贻贝冻品出口大省（表 3-5）。

据统计，2012 年，日照有 11 家贻贝加工、出口企业以及多家内销企业，产品出口到俄罗斯、乌克兰、韩国、美国等地，去年贻贝产量达到 50 万吨，仅贻贝原料销售就超过了 10 亿元。如果加上包装、运输、采捕、加工出口等，贻贝产业已发展成为日照海洋经济重要的新兴产业。据统计，贻贝 2011 年出口 2 500 多吨，2014 年日照市直接出口贻贝产品 4 270.5 吨、货值 820 万美元，出口范围涉及 22 个国家和地区。近年来，在国家相关政策的号召下，山东日照检验检疫局不断加大对贻贝出口企业的帮扶力度，到 2014 年底，日照共有 17 家加工厂、10 家养殖场获得出口备案资格。出口市场涵盖俄罗斯、韩国、乌克兰、墨西哥、南非、沙特阿拉伯等 22 个国家和地区。

广东湛江贻贝出口国家主要是美国，根据广东省检验检疫局统计，辖区有出口贝类卫生注册企业 17 家，其中对美贝类注册企业 3 家。2006 年出口贝类产品 361 批、2 223 吨、622 万美元。其中输美贝类产品（指双壳贝类，美国国家贝类卫生计划仅将牡蛎、蛤蜊、贻贝和扇贝等双壳贝类称作贝类）数量较少，仅占广东出口贝类总数的 10.1%，品种为牡蛎罐头、冻煮贻贝、冻煮文蛤。据报道，由于广东附近贻贝养殖海区规模有限和部分广东水产出口加工企业并不特别重视贻贝的出口，因而出口数量有限。值得一提的是 2017 年，广东汕头的贻贝产品首次顺利出口新加坡，产品约重 22 吨、货值 9.3 万美元，近 9 年来贻贝产品出口仅 1 批，销往美国。这对改善出口品种结构，贻贝的出口加工和新市场的开拓都有重要影响。

浙江嵊泗主要出口产品是冷冻贻贝，产品主要销往韩国、俄罗斯、台湾、南非等国家和地区。受次贷危机和欧债危机影响，2009—2011 年，嵊泗贻贝出口量起伏不定，三年间分别实现出口量 1 888 吨、2 260 吨和 1 246 吨，实现出口额 289 万美元、386 万美元和 272 万美元。2012—2014 年，嵊泗贻贝出口形势与前几年相比，总体呈下降

趋势，2014年出口量下降尤其明显。而随着"一带一路"机遇的来临，嵊泗县积极将"一带一路"沿线国家作为潜在市场，拓展贻贝出口企业对国外注册范围，2015年浙江嵊泗县贻贝成功出口印度，重1万千克，货值2.1万美元，开辟了一条新的出口道路，2015年底，嵊泗辖区两家出口企业再次成功获得俄罗斯注册协定，输俄通道重新打开；2016年前三季度，浙江嵊泗贻贝共出口70批，出口量为1 012.9吨，货值278.4万美元，与前两年相比，呈现触底反弹态势，出口批次及数量同比分别增长37.25%和77.51%。其中，出口俄罗斯333.5吨，占总出口总量的32.92%，俄罗斯跃升为"嵊泗贻贝"出口最大市场。截至2017年7月"嵊泗贻贝"已出口至俄罗斯、澳大利亚、哈萨克斯坦等31个国家和地区。近3年，"嵊泗贻贝"出口"一带一路"国家贸易额从46.09万美元猛增到194.49万美元。

同时据TheFishSite（2016年1月4日）报道：2015年上半年全球贻贝交易整体水平下滑，其主要原因与恶劣天气和海洋酸化导致的产量减少有直接关系。新西兰、丹麦和西班牙贻贝的出口量均有不同程度的减少，而中国和荷兰的贻贝出口额度却呈现增长趋势。2015年上半年欧洲贻贝进口减少2.4%，但因国家不同，进口的增减趋势并不统一，如欧洲地区主要的三大贻贝进口国，分别是法国、意大利和西班牙，2015年前6个月的进口量呈现上升趋势，分别是法国、意大利和西班牙，而德国产品进口量则减少了11%、比利时减少了9%，英国减少19%。智利、意大利、西班牙和荷兰是法国四大贻贝供应国，以上四国贻贝养殖占法国海水养殖市场的78%。2010—2015年期间，伊朗贻贝对法国的出口逐年减少，从2010年的6800吨骤减至2015年的1 800吨，产能下滑是阻碍伊朗贻贝出口的主要原因，伊朗贻贝产量从2011年的12 000吨减少至2014年的3 000吨。2015年上半年意大利进口贻贝同比增加2.4%，西班牙作为其主要供应国，其次是智利和希腊。近5年，希腊对西班牙的贻贝供应逐年增加，从2010年上半年的1 600吨增加至2015年同期的4 800吨。意大利本国主要生产中等大小的紫贻贝，该产品对西班牙的出口从2013年的零吨增加至2015年上半年的600吨。丹麦是中等尺寸贻贝的主要生产国，近几年该国将贻贝生产重点放在有机贻贝的生产上，根据2015年9月出版的"全球养殖业"期刊报道，丹麦计划年产3 500吨有机贻贝，占生产总量的10%。丹麦野生贻贝产地集中在利姆海峡。因此，我国贻贝出口还将面临部分交易下滑的趋势，但同时也是我国贻贝产品拓展全球的一个契机。据统计，山东日照贻贝时隔10年后重新出口欧洲；2016年，嵊泗口岸共计出口国家地理标志产品"嵊泗贻贝"1378吨，货值391.8万美元，同比分别增长92.13%和52.44%，同时嵊泗贻贝在文莱、印度、哈萨克斯坦、俄罗斯、泰国、阿联酋、乌克兰等"一带一路"国家之后，首次出口新加坡等国，时隔12年重返澳大利亚市场；2017年广东汕头贻贝首次出口新加坡。

表 3-5　我国各省贻贝出口备案养殖源企业

| 序号 | 直属局 | 备案养殖场 | | | | 配套出口加工企业 |
		养殖场名称	备案品种	养殖水面积（亩）	年养殖力（吨）	名称
1	江苏局	赣榆县海头镇浅海水域养殖协会	贻贝	1 505	7 500	连云港金水湾食品有限公司
2	广东局	瑞源南澳贝类养殖场	贻贝	500/滩涂		
3		陈少群私营养殖场	贻贝文蛤牡蛎	3 786/滩涂	7 500	广东省汕头水产进出口公司冷冻厂
4	辽宁局	大连经济技术开发区安宏水产养殖有限公司	贝类	1 100	800	大连鑫隆源水产食品有限公司
5		大连明成水产养殖有限公司	虾夷扇贝海湾扇贝杂色蛤贻贝牡蛎	6 280	30 000	大连明成水产食品有限公司
						大连海旭水产食品有限公司
						大连盛元食品有限公司
6		大连绿力水产有限公司	杂色蛤扇贝贻贝文蛤牡蛎	10 000 10 000 4 000 4 000 3 000	20 000 20 000 5 000 5 000 3 000	东港市绿苑食品
						大连聚鑫水产食品有限公司
						大连泰富食品有限公司
						东港市通宇食品有限公司
						大连彩洋水产有限公司
						丹东鸿洋食品有限公司
7		大连明胜水产食品有限公司	虾夷扇贝海湾扇贝杂色蛤贻贝牡蛎	6 290	20 000	大连铭华海产有限公司
						大连海旭水产食品有限公司
						大连喜福多海洋食品有限公司
						大连泰阳水产食品有限公司
						东港市圣龙食品有限公司
						大连盛元食品有限公司
						东港市圣得利食品有限公司
8		庄河市黑岛农业综合开发有限公司	扇贝牡蛎贻贝杂色蛤文蛤	1 353	900	大连洪汇食品有限公司
						东港市海萌食品有限公司
						大连云晟食品有限公司

续表

序号	直属局	备案养殖场				配套出口加工企业
		养殖场名称	备案品种	养殖水面积（亩）	年养殖力（吨）	名称
9	辽宁局	庄河市明阳镇尖山贝类养殖场	杂色蛤 扇贝 贻贝 缢蛏	500 600 300 200	2 000 2 500 1 500 1 000	大连泰富食品有限公司
10		绥中县铁山食品有限公司	杂色蛤 贻贝 扇贝	5 100	22 450	绥中县铁山食品有限公司 葫芦岛春贺食品有限公司 葫芦岛衡大食品有限公司
11		葫芦岛衡大食品有限公司（水产养殖场）	杂色蛤 贻贝 扇贝	1 900	8 500	绥中县铁山食品有限公司 葫芦岛春贺食品有限公司 葫芦岛衡大食品有限公司
12	山东局	长岛县银杏海珍品有限公司	扇贝 虾夷贝 贻贝 海参	2 409.5	1 4457	长岛东兴水产养殖有限公司
13		烟台明仁食品有限公司（养殖场）	栉孔扇贝 夏夷贝 贻贝 港湾扇贝 鲍鱼 海参	2 053.7	10 200	烟台明源食品有限公司 烟台明翔食品有限公司
14		任守选养殖场	贻贝	30	200	日照市金康食品有限公司
15		任守全养殖场	贻贝	300	1 600	日照经济开发区兴龙食品有限公司
16		郑成山养殖场	贻贝	465	3 000	日照东海食品有限公司
17		申延崔养殖场	贻贝	377	900	东港区秦楼街道盛祥冷藏厂
18		宋有胜养殖场	贻贝	1 911	10 000	日照市金宝水产食品有限公司
19		任守彩养殖场	贻贝	60	320	日照华洋农副水产有限公司
20		烟台市芝罘区丰源养殖场	港湾贝 夏夷贝 贻贝 栉孔贝 鲍鱼 海参	1 683.3	26 510	烟台和源食品有限公司
21		长岛县众鑫海珍品有限公司	栉孔扇贝 海湾扇贝 虾夷贝	1 719	9 300	烟台市业荣食品有限公司

续表

序号	直属局	备案养殖场				配套出口加工企业
		养殖场名称	备案品种	养殖水面积（亩）	年养殖力（吨）	名称
22	福建局	东山县结辉贝类养殖场	贻贝牡蛎	74.5	750	福建省东山县海魁水产集团有限公司
23		诏安县何初光水产养殖场	贻贝牡蛎	389	3 500	
24		东山县许国章养殖场	贻贝巴菲蛤	200	1 800	福建东山县顺发水产有限公司
25		诏安县梅岭何氏养殖场	牡蛎贻贝巴菲蛤杂色蛤	150	1 500	
26		诏安县枫港养殖场	巴菲蛤贻贝牡蛎	160	240	漳州市富海食品有限公司 东山县德鑫水产食品有限公司

数据来源：国家质量监督检验检疫总局

图3-5　河北省贻贝养殖面积和产量对比图

图 3-6 辽宁省贻贝养殖面积和产量对比图

图 3-7 江苏省贻贝养殖面积和产量对比图

图 3-8 浙江省贻贝养殖面积和产量对比图

图 3-9 福建省贻贝养殖面积和产量对比图

图 3-10 山东省贻贝养殖面积和产量对比图

图 3-11 广东省贻贝养殖面积和产量对比图

图 3-12　广西壮族自治区贻贝养殖面积和产量对比图

图 3-13　2015 年各省（区）贻贝产量对比图

第四章
贻贝的加工产品及市场

贻贝不仅味道肥美、具有较高的营养与药用价值，也因其生命力较强，对环境要求不高等特点，适合大量人工养殖。我国是全球贻贝养殖、加工大国，同时也是世界贻贝重要出口大国。上章说过，我国山东、辽宁、浙江、福建、广东、海南等沿海省份都涉及贻贝养殖，产量呈逐年上升趋势，因而在未来几年贻贝市场必定风起云涌，因此贻贝产品加工利用的研究一直是我国水产加工领域的研究热点。

一、贻贝的收获

我国贻贝养殖面积广泛，且气候与温差不同，各地的贻贝养殖品种也各有不同，华东地区较多为紫贻贝，东海海区附近养殖的厚壳贻贝居多，福建广东等海区，主要养殖的是翡翠贻贝，因此贻贝的收获时间也各不相同。贻贝收获多在肉质最肥满时进行，紫贻贝和厚壳贻贝的收获规格一般壳长在 6 厘米左右，翡翠贻贝一般在 8～10 厘米左右。贻贝在繁殖之前都有一个丰满阶段，其性腺最肥满时可占肉重的 60% 以上，干肉率可达 10% 以上，但繁殖期过后其干肉率下降至 3%～4%。养殖者们一般会抓住这个时机对贻贝进行采收，贻贝的养成一般需要一周年左右，性腺才能够充分发育成熟，进入收获期。不同海区贻贝成熟时间各不相同。通常浅水区的贻贝成熟早，深水区的成熟晚；水质肥沃的海区成熟早，贫瘠的海区成熟晚；浅水层的海区成熟早，而深水层的海区成熟晚。在我国北方沿海，贻贝最适合采收的季节是 3—4 月及 9—10 月，采收的贻贝干肉率可达 6%～9%，最高可达 10%。河北的贻贝收获季节与辽宁基本相似，山东半岛南北两岸紫贻贝肥满期不同，北部烟台沿海春季 3—4 月中旬，肥满度可达到 30%～34%，干肉率达到 7%～8.5%。秋季 9—10 月中旬肥满度可达 20% 以上，干肉率可达到 5.0%～5.5%，因此多在春季采收。嵊泗贻贝的收获多在 9—11 月份进行，此时贻贝生长最为显著。福建和广东的翡翠贻贝收获多在春季 5 月份和秋季 8—10 月份，干肉率达到 5%～7%，同时翡翠贻贝具有快肥快瘦的特点，采收时间具有不确定性，因此会根据其生长具体情况进行采收。不同的品种，不同海区养殖的贻贝，肥满期出现的早晚与长短不一，收获的季节也各不相同，主要是根据其肥满规律，结合外界条件和劳力情况，确定养殖期限和收获季节。采收时，根据贻贝生长情况确定全收或间收，采收的紫贻贝的单体颗粒壳长一般是 5 厘米以上，厚壳贻贝和翡翠贻贝的单体颗粒壳长达到 9 厘米。刚采收的贻贝多附着在养成器上，需要人工或机器将贻贝取下，并经过处理，即可决定进一步加工或上市。

二、贻贝的加工

对于贻贝的加工而言，按照加工手段和程度的差异，主要分为传统技术和现代技术两大类。现代技术加工，主要通过对贻贝的冷冻、熏制等现代化科技手段操作，达到对贻贝加工产品的保存、运输等目的，具体产品有速冻颗粒贻贝、速冻半壳贻贝和速冻全壳贻贝三大品种。传统技术加工，主要有颗粒晒干淡菜与劈晒"蝴蝶干"两种干品。按照加工程序，主要区分为净化、前处理、精深加工和废弃物处理等几个工艺阶段，成品主要是相关冷冻产品。在中国，贻贝加工同贻贝养殖一样已有20多年的历史，但就目前情况来看，贻贝的加工无论是从加工手段还是从加工产品上，主要停留在初级加工阶段的情况下，虽然小有创新，但是基本上未破坏贻贝肉的基本结构与形态，保持了最原始的味道。即便是其他产量和出口量均较大的贝类，绝大多数也止步于初级的加工领域。贻贝加工的主要步骤如下。

1. 暂养净化

贻贝的暂养净化，不同于其他文蛤、扇贝等贝类简单的吐沙净化，暂养净化是在保证贻贝的活度和鲜度的同时去除贻贝体内的污染物，以达到净化贻贝的目的。根据目前我国贝类养殖海区划分有四类标准：

一类贝类养殖区：为良好的生产区域。该区域中生产的贝类可食部分的大肠杆菌含量低于230MPN/100克。该区域生产的贝类可直接上市食用。

二类贝类养殖区：为合格的生产区域。该区域生产的贝类可食部分的大肠杆菌含量未超过4600MPN/100克。该区域生产的贝类可直接上市食用。

三类贝类养殖区：为有条件的生产区域。该区域生产的贝类可食部分的大肠杆菌含量低于46000MPN/100克。对划定该区域采捕的贝类产品须进行暂养，净化，直至大肠杆菌值达到第二类生产区域规定数值后方可上市，或者在加贴完整信息标签的前提下，直接运往加工厂进行密封杀菌处理。

四类贝类养殖区：由于受到突发污染事件或赤潮等影响，贝类中有毒有害物质超出了标准，麻痹性贝类毒素含量超过80微克/100克，检出腹泻性贝类毒素（DSP），应实行临时关闭。

具体的贻贝是否需要暂养、净化主要根据贻贝养殖海域的污染程度决定，如嵊泗贻贝大部分地区水质清洁无污染，均可达到二类贝类养殖区标准，可以不需要净化，直接进行前处理部分，而我国大连和福建等部分近海养殖海区污染严重，应必须对贻

贝进行暂养、净化处置，以去除贻贝体内的一些污染物。

关于贻贝暂养、净化，英国是最早开始着手研究和应用经济贝类净化技术的国家，其净化主要是紫外线系统。其他一些国家如法国、意大利、西班牙等其经济贝类净化主要采用氯消毒海水，也有一些采用紫外系统，个别的，如荷兰、奥地利、智利等国家会将采收的贻贝放置到特别干净无污染的水体暂养一段时间以达到净化贻贝的效果（见图4-1）。目前我国的暂养净化的手段和技术主要有：自然净化、暂养净化和工厂净化。通过净化水暂养实现贻贝体内的病原菌数量、污染物和毒素低于卫生标准为止。通过暂养能消除贻贝体内85%的致病菌等大多数污染物，排毒效果也较好，结合臭氧和紫外线对贻贝进行的净化，不仅能直接杀灭致病菌病毒，还能杀灭甲藻毒素、河豚毒素等生物类毒素，同时不改变贻贝的风味和外形，达到绿色、健康的标准。

图4-1 智利贻贝养殖企业的净化场

2. 贻贝的前处理

我国目前海区贻贝的前处理主要是对贻贝的清洗和分级处理，是为了分离部分足丝等杂质、畸贝和死贝，旨在为其后的加工或销售提供洁净的规格产品，其分离效果对于后续的贻贝产品质量具有很大的影响。早期的贻贝前处理多是手工操作，不仅容易引入致病菌，而且效率低下，分级效果并不理想。目前我国贻贝的前处理已经基本实现机械一体化操作，具体的贻贝前处理，主要包括贻贝串（球）的分粒（见图4-2）、贻贝的清洗筛选。用到的设备包括贻贝分粒机、贻贝清洗机、贻贝分级机等一系列机器，一体操作，自动化程度高，清洗分级效果好。值得一提的是，我国国内企业有一些自发研制的贻贝分级机，主要根据贝类的大小或重量进行分级，准确率甚至高达98%以上，有效提高了贻贝的分级效率。目前嵊泗采收贻贝的前处理主要是先将新鲜贻贝预热后，再由传动装置输送至清洗蒸煮器内，机器的网眼根据贻贝颗粒的大小进行脱壳，成品经人工再次筛选后冷冻包装。除此之外，在生产操作过程中要严格按照生产工艺的先后次序进行处理，防止人流、物流的交叉污染。

图 4-2 贻贝的分粒机器

3. 贻贝的精深加工

目前贻贝的初级精深加工主要是对贻贝进行蒸煮、冷冻、分级等处理，然后加工成产品的过程。如果是生产小包装活贝，或者冻煮贻贝肉、半壳贻贝或者全壳贻贝，通过人工拣选单冻贻贝后，分包装速冻，后直接冷藏即可上市。中级贻贝精深加工主要是对贻贝的进一步处理，主要包括熏制、腌制等加工，将贻贝加工成可直接食用的小产品，包装形式有袋式包装和盒式包装等多种真空包装。

目前我国贻贝加工大多停留在初级阶段，主要由于我国贝类加工技术还不太成熟、生产机械化水平较低，与发达国家相比存在一定的差距，需要研制开发先进的贝类加工技术与设备，以进一步促进贝类产业经济效益的提高和产业规模的扩大，加大创新，提高贻贝的精深加工程度，以满足消费者不同品质的需求。

4. 废弃物处理

贻贝的加工过程中会产生很多废弃物（见图 4-3）。首先在贻贝的分粒、清洗阶段会产生很多的足丝，在蒸煮过程中会产生大量的贻贝蒸煮液，同时会产生大量的废弃贻贝壳。目前国内的废弃贻贝壳和贻贝足丝并未得到很好的处理，除极少部分加工处理得以应用外，多数是堆积在海岛沿岸或是直接倾倒入海或堆积在浅滩，不仅污染海岛同时在堆积过程中产生腐败气味影响周围人类生活环境。而根据报道，日本企业等主要是将贝壳等废弃物由输送机统一送至室外，再运送到处理工厂集中处理。目前我国废弃贝壳处理设备主要是粉碎机设备、干燥设备等，处理得到的产品作为饲料添加剂或土壤改良剂，不仅减轻了贝类加工的污染，保护环境，还可产生部分经济效益。

同时政府逐渐强化生态环保理念，以实现废弃贝壳处理，依靠政府给予的最惠税收政策扶持，浙江嵊泗大部分养殖区的废弃贻贝壳都会被加工成为家禽饲料添加剂或者土壤改良剂，实现了废弃贝壳的资源化处理。另外，加工中产生的贻贝卤汁也由生产线回收，用于生产复合调味品——蚝油，解决了原来贻贝卤汁污染环境的问题。但是就全国的贻贝养殖情况来看，能够对废弃物处理的地区还是较少，且处理设施不够完善，因此应该加大力度完善贻贝生产中废弃物的资源化、绿色化的管理。

图 4-3　废弃的贻贝壳

三、贻贝的加工产品

1. 鲜活销售

鲜销贻贝作为传统日常海鲜的替代品，近年备受我国消费者青睐。鲜活贻贝主要是将贻贝采收后，用符合要求的清洁海水进行清洗，去除海藻类附着物、泥沙等杂物后，直接上市。一般鲜贻贝，可保存三天不到，因此会受运输条件、保存温度、地域、气候等多种因素影响。虽然口感独特，肉质鲜嫩，但销售范围较狭窄，仅能够销售在产地周边较近的地区和国家，上市销售周期短，在各地区贻贝大面积上市时，很容易造成贻贝的滞销。

2. 冻煮贻贝（粒冻贻贝）

粒冻贻贝是目前我国最主要的贻贝保存形式，将贻贝通过部分前处理后，保存壳或半壳或去除全部壳，再通过单冻机器将贻贝单冻，具体是用清洁的流动水洗净后放在搁架上沥水 3 分钟后进行冻结。对单冻的贻贝进行分级后，对贻贝进行速冻，具体是将不同规格的贻贝颗粒装入专用容器中，用 -28℃以下的冻结温度进行快速冻结；速冻后的贻贝即可称量包装。包装完毕的成品送入成品冷藏库冷藏，一般是置于 -18℃

以下，是可以直接上市的。主要产品包括冻煮贻贝肉、冻煮半壳贻贝和冻煮全壳贻贝三种形式，这是嵊泗县华力水产有限公司率先创新的，按照国际化标准，采用先进的现代加工技术设备和严格的操作程序实施，经过蒸煮，除去多余的足丝和杂质，两片贝壳全部剥去仅剩贻贝肉，即可以加工成冻煮颗粒贻贝产品（见图4-4，图4-6）。剥去一片壳的，即为冻煮半壳（单壳）贻贝产品（见图4-5）；两片贝壳全部保留的，即为冻煮全壳贻贝产品（见图4-7），尤其是冻煮全壳和半壳贻贝，既保存了贻贝的形貌，又可有效保藏与远距离运输。值得一提的，我国是粒冻颗粒贻贝出口大国，粒冻颗粒贻贝出口欧美、韩国、日本、俄罗斯等国家，受到一致好评。其中嵊泗县的粒冻贻贝品质较为优秀，是当地贻贝加工出口的支柱产业。冻煮这种加工方法不仅能有效保存贻贝鲜味和口感，同时肉质不松散，利于长时间保存和远距离运输，欧美等国用之作为"海鲜杂烩"的一种主配料，也称作配菜，具有味道鲜美、食用方便的特点。

图4-4　冻煮颗粒贻贝

图4-5　冻煮半壳贻贝

图4-6　冻煮厚壳贻贝肉（真空包装）

图4-7　冻煮全壳贻贝

3. 贻贝干品

现在市场上的贻贝干品有两种：一种是颗粒晒干的贻贝，被称作淡菜（见图4-8），具体是将洗净的贻贝经过蒸煮去壳剥肉，颗粒整体暴晒，定期翻动，晒干即成品。大归大，小归小，分为贡淡、元淡、子淡等几大类，贡淡即为早期渔民潜入海底采集加工晒成的特级贻贝干品，古时候用作进贡皇宫的珍品，故称作贡淡；而元淡，则是比贡

淡小的贻贝干品，还可以分为大元、中元、小元；子淡则是比小元个体还要小的贻贝干品。第二种贻贝干品是形似蝴蝶，颜色相对鲜艳的"蝴蝶干"（见图4-9），这种劈晒"蝴蝶干"贻贝制品，则是在20世纪70年代后期，嵊山、壁下山、枸杞山、花鸟山一带的渔民，将潜海采获的个体较大、肉膛较厚的野生厚壳贻贝，冲洗干净后，不蒸煮，去除壳和足丝等杂质，用小刀将贻贝肉按其自然形成的脊背中线，分切成两片，但背部贝肉仍相连，平铺成展翅的蝴蝶状，晒干后即成俗呼的"蝴蝶干"的贻贝产品。这两种贻贝干品，前者不同于"蝴蝶干"，颜色相对浅淡一些，肉看起来更加肥厚，是货真价实的淡菜，口感也醇厚，入口较软糯；后者颜色相对深些，很有嚼劲。这两种贻贝干品具有营养损失少、容易保存等特点，且口感独特，老少皆宜，但是总体来说风味较差，相较于新鲜的贻贝缺少了新鲜的海鲜的味道。

图4-8　颗粒贻贝干

图4-9　蝴蝶贻贝干

4. 卤汁贻贝

卤汁贻贝，是一种贻贝腌制的食品，即将煮熟的贻贝肉，用适量的盐腌入小坛子或者瓶子和盒子内，辅之料酒，也可随各自口味辅之蒜泥、葱、姜末，盖后密封腌上三五日到一周，即可启盖取出来食用，也称作"卤汁淡菜"。其肉质变韧耐嚼，既鲜美又具有一股独特的醇香，回味诱人，且易于保存，是居家旅行、老少皆宜的食品。

5. 贻贝软罐头

制作罐头是食品加工与储藏的常见技术，贻贝大量上市时，沿海地区，供过于求，而内陆地区却很难见到，因此对贻贝进行加工，使其便于流通尤显重要。目前，贻贝软罐头（见图4-10）的加工包装材料为耐高温复合蒸煮袋。具体的制作方法主要是，贻贝经过前处理后，蒸煮取肉，通过汤汁或调味品调味后，称量装袋，真空封口，高温杀菌，冷却，检测后成品包装上市，要求在汤煮或调味过程中，煮制加热时间不要过长，否则出肉率较低且影响产品的口感。捞出冷却并沥干水分待装罐，目的是最大限度地保持贻贝原有的风味和色泽，同时蒸煮贻贝后的汤汁含有许多游离氨基酸，具有较高的经济价值,可考虑研制成贻贝酱油。贻贝软罐头能够有效保存贻贝的色、香、味,具有风味独特、易储存、携带方便、即食等优点,对促进贻贝资源的增值利用和贻贝养殖业的健康发展有重要作用。

图 4-10 贻贝小食品——贻贝软罐头

6. 贻贝方便小食品

新鲜贻贝直接食用适口性差、易变质,其常温贮藏期极短,冷冻贮藏其蛋白质变性后不能恢复原有的风味。多味贻贝方便小食品(见图 4-11)是把贻贝开壳后,取其肉加工成各种风味的营养小食品。这种食品一般作为休闲食品,具有方便、卫生、容易携带、贮藏性好的特点。其工艺流程为:新鲜贻贝,通过前处理(去杂物、去泥沙)和蒸煮、去壳后,拌料(添加各种调料)后浸泡,然后烘烤成品分级称重后,通过真空包装成品,即可上市。由于贻贝肉易生长多种微生物,成品的盐度及糖度不能完全抑制微生物的生长,在生产过程中需加入少量的防腐剂,添加量应保持在食品级别。这种贻贝方便小食品,具有便于携带和储存,口感独特,即食等特点,对于贻贝产品有增值作用。

图 4-11 袋装贻贝小食品

7. 熏制加工

烟熏食品一直以来都深受人们的欢迎，烟熏加工也是水产品加工的常用技术之一，但传统熏制方法的熏烟在其本质上是一种有害气体，它除了含有熏制食品所需的特殊风味成分之外，还含有强致癌物3，4-苯并芘等有害物质。这种方法不适合贻贝的熏制加工。据报道，李梦娇等采用当前较为先进的液熏技术对贻贝进行加工，这种液熏法是用液体烟替代气体烟来熏制食品的一种新型方法。液熏法不仅能使食物获得诱人的烟熏色泽和香味，而且还能起到抗氧化、抗菌、延长保质期等作用，同时又能有效避免苯并芘等有害物质，是一种卫生、清洁的熏制材料，且液熏较烟熏更容易操作。主要是以新鲜贻贝为原料，经洗净、蒸煮取肉、脱腥、沥干、调味、干燥、熏制、装罐、密封、灭菌等工艺制得成品，其调味液配方：食盐浓度12%，味精浓度0.5%，砂糖浓度2%，黄酒浓度5%，浸渍时间40分钟；液熏工艺：HL2008A熏制液浓度1.5%，熏制时间3.5小时，熏制温度55℃。产品色泽金黄诱人，味道鲜美有嚼劲，具有烟熏风味的同时可长期保存和远距离运输。

除以上产品之外，贻贝产品还有很多，比如贻贝串、腌贻贝等等。国外对贻贝的加工也很重视，西欧等国家的贻贝加工业比较发达，除带壳鲜销外，还被制成罐头或油炸、焙烧、水煮、汽蒸、烟熏和冷冻等食品。冷冻加工最多的是新西兰和韩国；德国用升华干燥制肉，经研碎后生产各种香肠、汤料、方便菜肴和其他熟食品。就目前我国贻贝产品来看，产品销售业绩良好，在国际上也具有很高的声望，但是以上贻贝的产品附加值较低，国家须加大创新力度，做到贻贝产品的高值化，实现真正的"小贻贝，大产业"还需要一定的时间。

四、贻贝的高值化利用

贻贝肉味鲜美，营养丰富，干品含蛋白质53.5%、脂肪6.9%、糖类17.6%、无机盐8.6%，以及各种维生素、碘、钙、磷、铁等微量元素和多种氨基酸，其营养价值和药用价值高于一般的贝类和鱼、虾、肉等，对促进新陈代谢，保证大脑和身体活动的营养供给具有积极的作用，所以有人称淡菜为"海中鸡蛋"，其含有一种特殊的具有降低血清胆固醇作用的代尔太7-胆固醇和24-亚甲基胆固醇，兼有抑制胆固醇在肝脏合成和加速排泄胆固醇的独特作用，从而使体内胆固醇下降，功效比常用的降胆固醇的药物谷固醇更强。同时人们在食用贝类食物后，常有一种清爽宜人的感觉，对解除一些烦恼症状有益。

2016 年 11 月 21 日在北京召开，由中国水产流通与加工协会主办的 2016 中国海洋生物资源高值化利用高峰论坛中，来自海洋领域的专家提到：目前，海洋生物中蕴含丰富的活性蛋白、活性糖及活性脂三大生物活性物质的高值化利用发展迅速，已经形成了有影响力的产业集群。海洋生物资源从低值利用到高值利用的发展，促进了国内活性物质产品市场的繁荣，为功能食品、医用材料、医药中间体、生物医药等产业发展提供了新的原料及产品供给，让海洋药物和海洋生物功能食品都进入了产业开发的全新阶段。因而贻贝的高值化利用也是贻贝产业发展的重中之重，目前关于贻贝的高值化利用和研究主要围绕以下几个方面。

1. 活性物质的提取

活性多糖的提取

多糖是一类广泛存在于动植物、微生物中的重要的生物大分子物质。属于分子生物学研究范畴，随着研究的不断深入，研究人员逐渐发现不同来源的多糖具有广泛而复杂的生物学活性，因此多糖的研究已引起了医药界的高度重视，并成为当今生命科学研究的热点之一。美国于 2001 年启动了"功能糖组学计划"，日本也开展了"糖工程前沿计划"，其整体目标是阐明糖链的生物学功能，并设计出治疗心血管疾病、癌症、感染性疾病等多糖类药物。海洋是生物多糖的一个重要来源地，尤其是海洋动物多糖具有较高活性。已有研究表明，贻贝提取物有抗肿瘤、抗衰老、抗病毒、抗酒精性肝损伤和抗菌的功能和增加机体免疫能力、降低血脂含量的功效。而多糖是其中重要的有效活性成分之一。多糖作为信息分子在受精、胚胎发育、分化，神经系统和免疫系统衡态的维持等方面起重要作用；炎症和自身免疫疾病、衰老、癌细胞的异常增殖与转移、病原体感染和器官移植等生理和病理过程都有多糖的介导。

目前，贻贝多糖的提取方法有水提法、酸提法、碱提法和酶提法。殷秀红等比较了水提法和酶提法提取贻贝多糖的效果，结果水提法得到的粗多糖中糖醛酸和蛋白含量均低于酶提法，但糖胺聚糖和硫酸根含量相差不大。水提法粗多糖的总糖含量 59.6%，酶提法为 74.7%。程仕伟等以海湾贻贝为原料，采用水提、酸提、碱提 3 种方法，分别提取贻贝多糖，结果表明：3 种方法的提取率分别为 7.9%，3.5%，8.3%。在贻贝加工过程中，蒸煮预处理是常常采用的加工环节，而蒸煮产生的汁液被作为废弃物排放，结果造成环境污染，也浪费了生物资源。杨荣华等报道了从贻贝蒸煮液中提取多糖的技术，通过乙醇沉淀、沉淀干燥后再沸水浴溶解、Sevage 法除蛋白、活性炭脱色、乙醇沉淀、冷冻干燥得粗品，平均每 100 毫升蒸煮液可制得贻贝多糖粗品 0.608 克；将

该贻贝多糖粗品经琼脂糖凝胶 Sepharose 4B 柱层析、透析等分离纯化后，发现其组分具有免疫调节作用和抗肿瘤活性。曲敏，王丽云等研究了贻贝多糖润肤霜的制备及性能，通过对贻贝多糖的吸湿性、保湿性和抗紫外活性对比表明：低相对湿度（RH43%）条件下，贻贝多糖样品具有非常好的吸湿率和保湿率，同时贻贝多糖具有较好的抗紫外 UVA 和 UVB 的能力。钟城城和曲有乐等以抗氧化和抗肿瘤活性为指导优化了贻贝多糖的提取工艺，分别采用热水提取，两步联合酶解法（木瓜蛋白酶和胰蛋白酶）从厚壳贻贝中提取和分离纯化具有生物活性的贻贝多糖，对其进行基本理化性质分析和柱层析分离纯化并进行体外抗氧化、抗肿瘤生物活性研究发现，热水提取后酶解工艺不仅可以降解蛋白提高多糖的纯度，而且还可以显著提高贻贝多糖中类糖胺聚糖的含量，而贻贝类糖胺聚糖是贻贝多糖的主要活性组分，具有良好的抗肿瘤活性。因此，贻贝多糖具有较高的应用前景，可以用以制作抗氧化、抗肿瘤药物和相关保健品。

牛磺酸提取

牛磺酸又名牛胆酸、牛胆素，化学名称为 2- 氨基乙磺酸，是一种非蛋白含硫氨基酸，是人体必需的重要氨基酸之一，也是名贵中药"牛黄"的重要成分，最早由牛黄中分离出来，故得名，具有消炎、镇痛、解热、降血糖、降血压、降血脂、抗疲劳、维持正常视觉机能，调节神经传导和脂类的消化与吸收，参与内分泌活动，增加心脏收缩能力，保肝护肝，提高免疫能力等重要的生理功能。牛磺酸广泛分布于动物组织细胞内，尤其是海生动物含量更丰富，哺乳类组织细胞内亦含有较高的牛磺酸，特别是神经、肌肉和腺体内含量更高，是机体内含量最丰富的自由氨基酸，体内牛磺酸几乎全部以游离形式存在，且大部分在细胞内，细胞内外浓度比为 100～50000 ：1，值得一提的是，虽然牛胆汁中牛磺酸含量很高，但并非以游离形式存在，提纯后得到的产物颜色较黑；海生动物产品中牛磺酸以游离形式存在，可通过合适的提取、纯化方法得到针状白色结晶物，更利于应用。

牛磺酸的生产方法主要有 3 种：生物提取法、微生物发酵法和化学合成法。其中，生物提取法是以牛胆汁或海产品等牛磺酸含量较高的生物为原料，经提取、分离而得到牛磺酸。该生产方法工艺安全，无污染，但需要一定的天然资源。而贻贝作为海洋主要的贝类之一，体内丰富的牛磺酸可以提取加以利用。

姜新发等报道了利用提取牛磺酸的工艺，新鲜贻贝肉通过捣碎、匀浆、浸提、过滤、除酸性蛋白、除碱性蛋白、离子交换树脂浓缩，最后用无水乙醇提纯，其提纯的最佳工艺为：乙醇浓度 60%，温度 80℃，提取时间 60 分钟，料液比 1 ：5，提取次数 3 次。此工艺的牛磺酸收率为 0.92%。宋峰、张娇等报道了使用水煮浸提法，并通过微波助提和超声助提，均有效提高了提取牛磺酸的量。为了充分利用贻贝加工产品中的废物，崔忠艾，李苹苹等报道了从贻贝废弃液中提取天然牛磺酸的方法，利用离子交换的方法，通过多重提取，研究发现贻贝废弃液的浓缩液 (DBM) 营养丰富，氨基酸种类齐全，牛磺酸含量高达 1.65%；提纯后获得白色针状的牛磺酸晶体，得率为 0.52%。

由于牛磺酸具有独特的生理、药理功能，因此，被广泛应用于食品工业、饲料工业和医药工业等诸多领域。西方发达国家已普遍应用于医药及食品添加剂中（见图 4-12）。近年来，牛磺酸的国内外市场行情看好，国内有不少单位进行了它的分离提取及应用研究，取得许多成果，如"红牛""娃哈哈""龙丹""强力神"等营养保健食品中均含有牛磺酸成分。除此之外，作为一种法定的强化营养保健的食品添加剂，牛磺酸可添加于乳制品、婴幼儿食品、谷类食品及强化饮料中；同时，牛磺酸也可作为水产动物养殖的饲料添加剂；在医学方面，牛磺酸也已被用于治疗许多疾病，如心血管疾病、血胆脂醇过多、癫痫症及肝萎乱等。

图 4-12 市面上不同的牛磺酸产品

多不饱和脂肪酸提取

多不饱和脂肪酸（PUFA）指含有两个或两个以上双键且碳链长度为 18 ～ 22 个碳原子的直链脂肪酸。通常分为 ω-3 和 ω-6，在多不饱合脂肪酸分子中，距羧基最远端的双键在倒数第 3 个碳原子上的称为 ω-3；在第六个碳原子上的，则称为 ω-6。它是由寒冷地区的水生浮游植物合成，有助于降低心脑血管疾病。其中 ω-3 同维生素、矿物质一样是人体的必需品，不足容易导致心脏和大脑等重要器官障碍。ω-3 不饱和脂肪酸中对人体最重要的两种不饱和脂肪酸是 DHA 和 EPA。EPA 是二十碳五烯酸的英文缩写，具有清理血管中的垃圾（胆固醇和甘油三酯）的功能，俗称"血管清道夫"。DHA 是二十二碳六烯酸的英文缩写，具有软化血管、健脑益智、改善视力的功效，俗称"脑黄金"。根据研究发现，ω-3 多不饱和脂肪酸，是由寒冷地区的水生浮游植物合

成，以食此类植物为生的鱼类贝类（野鳕鱼、鲱鱼、鲑鱼等）的内脏中富含该类脂肪酸。据研究，张强报道的贻贝脂肪酸成分分析中提到，雄、雌贻贝中不饱和脂肪酸分别占70.9%和71.8%，EPA+DHA超过27%。

目前贻贝中的多不饱和脂肪酸提取的技术主要有尿素包合法、超临界萃取法。张翼等研究了尿素包合法提取多烯脂肪酸乙酯的工艺。以贻贝粉为原料，索氏提取法萃取贻贝总脂，然后用水和石油醚再次萃取贻贝总脂肪酸乙酯，再将150毫升保温在45℃下的尿素和95%乙醇的饱和溶液加入至35克总脂肪酸乙酯中，搅拌1小时，−20℃静置过夜，用预冷过的布氏漏斗抽滤，并用−20℃预冷的饱和尿素乙醇溶液洗涤滤饼，分离得澄清液相，除去乙醇，水洗，得到澄清油层，再用无水硫酸钠除水，浓缩得贻贝多烯脂肪酸乙酯粗品2.5克。宋启煌等以尿素包合法得到的粗品为原料，采用超临界萃取法纯化制得高浓度的多不饱和脂肪酸乙酯，其最佳工艺为：压力335兆帕，温度35℃，CO_2用量2毫升/克，EPA与DHA乙酯总含量可达28.32%。

除此之外，贻贝体内的单体脂肪酸，具有很好的抗炎特性，尤其是厚壳贻贝。因此，贻贝磷脂在食品、医药等方面具有较大的开发潜力。

2. 贻贝足丝蛋白

贻贝足丝蛋白，也称为粘蛋白（MAP），一直是近几年的研究热点，贻贝粘蛋白通俗地说是一种生物胶水，一些海洋贝类能在近海耐受波浪冲击，依然固定于岩石上，是因为其足丝腺能分泌足丝，足丝的主要成分就是这种名为"贻贝粘蛋白"的蛋白胶。而这种粘蛋白是在贻贝足的腺体内生成和储存，是一种胶状蛋白，该粘着蛋白与高等植物细胞壁中的伸展蛋白相似，是一种属于糖蛋白类型的粘液蛋白，具有超强的黏着性能。贻贝黏附蛋白极强的粘合力及防水性能和无毒性，是现有粘合剂无法比拟的。通过现代生物技术提取后，可作为医用粘合剂，用于眼科手术、皮肤组织粘合、骨骼粘合等，也可作为外伤喷涂剂，用于烧伤、烫伤、手术等造成的皮肤、黏膜修复、神经修复等，具有良好的抑菌、止痛、止痒、促进愈合的作用，因此在医药、造船、涂料等行业具有广泛的应用前景。

目前贻贝粘蛋白的提取方法主要有两种，直接提取法和基因工程法。直接提取的方法虽然简单，但由于贻贝黏附蛋白的分泌量很低，提取1克黏附蛋白大约需要30000只贻贝，致使贻贝黏附蛋白的天然提取物十分昂贵。为了大量获得贻贝黏附蛋白，人们开始采用基因工程法制备贻贝黏附蛋白。Hwang等将Mefp-5和Mefp-3A与六聚His融合，在大肠杆菌中表达并纯化，研究发现重组的Mefp-5和Mefp-3A具有与

Cell-TakTM 类似的黏附特性，与六聚 His 融合的重组 Mefp-3A 具有与重组 Mefp-5 类似的黏附能力和黏附强度，但该方法具有产率低、纯化量低和纯化后不溶性等缺陷。同时根据贻贝粘蛋白的黏附机理，研究学者们也大量研究了贻贝黏附蛋白具有相似结构和黏附机制的聚合物，开发了贻贝黏附蛋白的衍生物——多巴胺等，在医疗、建筑、材料等行业有所应用。

目前，从紫贻贝中鉴定到至少有 8 种贻贝足丝蛋白，分别为 Mefp1 ~ 6、preCoID 和 preCoING，其中胶原蛋白 preCoID 和 preCoING 主要构成贻贝足丝纤维的核心骨架部分并延伸至足丝盘；贻贝足丝蛋白 Mefp-1 则覆盖在整个足丝表面而构成足丝的保护外套，以防止海水的溶解及微生物的降解；Mefp-2 ~ 6 主要定位于贻贝的足丝盘，是贻贝足丝用以和外界固体表面形成黏附的主要蛋白成分。这些足丝蛋白虽然分子量跨度很大，但仍具有一些相似的理化性质，如等电点相似，均为碱性蛋白 (pI > 9)，并且成熟的足丝蛋白大都含有大量的 3，4- 二羟基苯丙氨酸 (DOPA)。目前，获取 MAP 的最直接的方法就是从贻贝足腺中直接提取天然黏附蛋白成分，如 BioPolymers 公司自 20 世纪 80 年代开始直接从贻贝足腺中提取并研制成组织培养用的粘合剂产品 "Cell-Tak"，该产品主要是 Mefp-1、Mefp-2 和 Mefp-3 的混合物，可用于细胞培养过程中非贴壁细胞与培养皿的黏附。但由于贻贝足丝蛋白的分泌量很低，导致这种直接提取的粘合剂产品价格昂贵。

3. 贻贝蒸煮汁液的应用

贻贝蒸煮液是在贻贝加工成冷冻品或干制品的过程中产生的副产物，呈乳白色，味道鲜美，含有较多的营养成分。每加工 1 吨贻贝产品，就会产生 1.5 吨左右蒸煮液。而贻贝加工厂一般都建在海边，从而将大量的蒸煮液直接排入海中。由于其含有大量蛋白质、多糖等营养物质，排入大海后易引起水质的富营养化，对环境的污染极为严重。贻贝蒸煮液呈红褐色，具有浓烈的海鲜味、烤香和焦香味，味道鲜甜，口感滑爽，其主要不足是腥味稍重。因此对贻贝蒸煮汁液稍加处理，就可以增加原料附加值，同时又可解决废水排放带来的环境污染等问题。现有的，主要是提取贻贝蒸煮汁液中部分营养成分，比如牛磺酸、蛋白多肽等，还可以制成美味的调味品，如贻贝酱油或者贻贝油，在国内外市场上很受欢迎。值得一提的是嵊泗县嵊山镇水产调味品厂王崇民等人，在浙江省和嵊泗县科技部等部门的扶持下，以蒸煮贻贝后形成的汁液为主要原料，研制成了无防腐剂的 "陈钱山牌" 鲜质蚝油，不仅有效保存了贻贝汁液中的微量元素和营养物质，同时鲜味浓郁，是酒店、餐馆烹饪必备之良品。

4. 贻贝壳的高值化

贻贝壳是在贻贝的生产加工中所产生的固体垃圾，它的主要成分是 $CaCO_3$，还有少量的有机质和其他微量元素如氮、硫、磷、钾、镁等组成，其溶于水后的pH在8.8～9.1。据报道，2012年，我国贻贝的年产量达50万吨，然而，有占贻贝重量1/3之多的贻贝壳被废弃，仅1年便可产生15万～18万吨左右的贻贝壳。如此多的废弃贻贝壳，虽有少部分会粉碎加工成土壤改良剂和家畜的饲料添加剂使用，但大部分是堆积或倾倒至附近的海域或海滩，造成了严重的环境污染，同时由于贻贝壳上黏附有一定的贻贝肉或者其他杂质，在较热的环境下会发臭，以致产生毒素，也会影响周围人类的正常生活。由于贻贝壳是天然的生物质材料，在高温煅烧的情况下，会出现类似活性炭一样的粗糙多孔的结构，孔径在2～10微米，比表面积大，具有良好的吸附性、同时具有廉价易得、天然环保无污染等特性。基于上述特点，贻贝壳其实有广阔的应用前景，实现贻贝壳的绿色处理与二次应用，对贻贝产业健康发展具有重要作用。

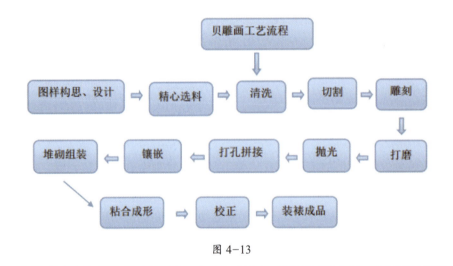

图4-13

贝雕艺术是以贝壳作为原料制作的民间工艺品。贝雕工艺构思奇特，在我国发展有着近千年的历史。早在史前时期，就开始了对贝壳的使用，有一类含有大量贝壳的古代人类居住遗址的名称就叫做贝丘遗址，据不完全统计，到1990年为止，中国的贝丘遗址数量超过200处。贝雕是传统艺术与现代文明的结合，是各类雕刻绝技叠加、借鉴、融合和创新的结晶。它主要通过精选各类天然贝壳，巧用贝壳天然色泽、纹理、图案、形状等，经选料、切割、剪取、分选、雕琢、车磨、抛光、堆砌、粘贴、装裱等流程，经精心雕琢后创造出来的艺术品。贝雕技法多样，通过选、磨、贴、拼、接、粘，吸收木雕、玉雕、石雕、砖雕、牙雕和国画等技法，综合微雕、浮雕、镂空雕等绝技，平贴、半浮雕、镶嵌、立体雕多管齐下，最终制作出璀璨夺目的艺术品。类型有贝雕画、微雕、贝雕摆件，贝雕饰品如贝雕花、贝雕纽扣、贝雕吊坠、贝雕项链、贝雕耳坠等。因贝雕作品非常精致，流程复杂，其制作严格精细，须一丝不苟，一小配件往往要经多道工序反复雕琢而成。具有环保、美观等特点，传达着人们对美好明天的向往和期待。

贻贝壳果蔬洗涤剂

最近日本有一个大火的扇贝壳制备的果蔬洗涤剂——贝洗净，对于水果上附着了一些看不见的活菌类、蜡、残留农药等具有很好的去除作用，同时在去除蔬菜、水果等污垢的同时，在其表面形成天然素材的抗菌涂层，具有抗菌效果和保持鲜度的功能。其实经过特殊处理的纳米级的贻贝壳粉也具有同样的功能，我国市场上现在已经有相关类似产品，但是目前国内人民对贻贝壳果蔬洗涤剂去除农药等残留的原理并不太理解，支持与反对参半，其实我国水果及蔬菜在农药的使用上多是酸性的农药，且随着农药的喷洒，水溶性部分随降水等可轻易冲洗掉，但是很多脂溶性的部分会残留在蔬菜水果表面，这些脂溶性的农药对人的危害更大，而经过煅烧等处理后的贻贝壳粉，并不全部是 $CaCO_3$，还含有部分氧化钙，氢氧化钙和少量氨基酸等元素。

贝壳粉加入水中呈弱碱性，会对部分酸性农药有很好的中和去除作用，这其实也就是为什么淘米水可以去农药的原因之一；很多人认为在加入贝壳粉后，水体表面会出现类似"油膜"的脂状物，因为残留部分的农药为脂溶性居多，所以其是贝壳粉的不溶物与水果表面的各种残留物混合在一起的样子，而且还会出现彩色；贝壳粉中的氧化钙具有杀菌作用，很多人认为贝壳粉洗果蔬不安全，认为水果和蔬菜的表面会有残留的贝壳粉存在，其实经过检测后，无法检测到任何与贝壳粉成分相关的离子，也充分说明冲洗一遍就没有任何残留了，说明了在生活场景下这样的产品还是安全的。其实贝壳粉是天然绿色的补钙剂，也是应用广泛的添加剂，市场上的魔芋粉就是添加了5% ~ 8% 的贝壳粉，同时它也是很多高级餐厅面碱的替代品，更是加工成葡萄糖酸钙的前体物质，所以制备贻贝壳粉果蔬洗涤剂安全、绿色、无污染的特性还是有很好的市场前景的。

贻贝壳海洋微纳米果蔬净

缘来是贝牌海洋微纳米果蔬净是浙江舟山赛莱特海洋科技有限公司研发的一种果蔬洗涤产品，100%利用来自舟山的天然贻贝壳为原料，通过对贝壳改性、结构装饰、微纳米化等技术制备，可有效去除果蔬表皮的残留农药、蜡质等有害化学物质。

图 4-14

贻贝壳补钙

贻贝壳的主要成分是 $CaCO_3$，是天然污染的钙源，所以稍加处理，即可用作天然的补钙剂。自 20 世纪 90 年代，国内研究者开始了对贻贝壳在养鸡饲料上的应用试验研究。研究表明，贻贝壳中丰富的钙质可以作为蛋鸡饲料的钙源。国外研究者也展开了对贻贝壳粉作为产蛋鸡饲料和少部分的有机质钙源的研究，结果证明贻贝壳粉可以完全或部分替代其他矿物质饲料。目前，贻贝壳作为钙添加剂的饲料已经推向市场。据统计，2013 年度有 2 万吨左右的贻贝壳被加工成饲料添加剂。同时，新西兰 Naturies 海贝壳提取的液体钙，是从天然的翡翠贻贝壳中提取的钙，并人工添加维生素 D，每粒液体钙 800 毫克，含钙离子 200 毫克，畅销国内外。除此之外国外还有利用翡翠贻贝壳制备的骨补充剂等保健品，也有很好的市场。中国现在也已经开发出相关产品，比如补钙剂，骨骼强化剂等。陈琪等用贻贝壳为原料制取可溶性海洋钙，与贻贝粉按一定比例混合，组成的复合海洋钙有明显的纠正缺钙效果，且在骨钙的增长幅度、股骨长的增长幅度、胫骨长的增长幅度以及股骨重量上均优于 $CaCO_3$，证实其可促进骨骼生长。陈小娥等将超微粉碎的贻贝壳粉作为出生 21 天断乳 SD 大鼠的钙补充剂，得到了与市售 L- 乳酸钙相仿的作用效果，说明超微粉碎的贻贝壳粉能被大鼠很好地吸收利用，可作为钙补充剂使用。因此对贻贝壳中的天然钙质稍加提取利用，即可有很大的应用前景。

贻贝壳土壤改良剂

现在用的大多数土壤改良剂均是从石灰岩中提取的 $CaCO_3$，然而开采石灰岩会造成环境破坏，因而寻找新的 $CaCO_3$ 的制备途径是保护环境的内在需求。而贻贝壳本身含有大量的 $CaCO_3$，可作为石灰岩的替代来源，用作土壤改良剂。用贻贝壳来提高土壤 pH 的研究至今已经有十几年的历史，根据研究 Lvarez 等表征了 4 种形式贻贝壳（MDF）：烘干并研磨到 0 ~ 2 毫米；MDC：烘干并研磨到 2 ~ 4 毫米 MHF：煅烧并研磨到小于 0.063 毫米；MHC 煅烧并研磨到 0 ~ 2 毫米的化学组成，并在此基础上，比较了这 4 种贻贝壳以及 CaO 改良剂对土壤 pH 的影响，试验结果表明，与对照组（不添加任何土壤改良剂）相比，经过贻贝壳处理的土壤 pH 均有提高，pH 提高范围在 0.37 ~ 0.68，且 MHF 提高土壤 pH 的效果最好，与 CaO 改良剂相仿。Paz-Ferreiro 等研究报道将贻贝壳粉和牛泥浆混合在一起作为土壤改良剂，试验结果显示，仅加入牛泥浆（土壤 pH 在 5.42 ~ 5.50）对提高土壤 pH 几乎无效果（未添加改良剂的土壤 pH 在 5.40 ~ 5.50），加入贻贝壳粉和牛泥浆混合物可以显著提高土壤的 pH（pH 在 5.66 ~ 5.96）。目前我国废弃贻贝壳部分会被加工成土壤改良剂，但是目前的土壤改良剂只是简单的对贻贝壳进行破碎化处理，利用率不是很高，如果对贻贝壳进行深加工，再配以不同比例的营养物质，发展成新型的高级营养土壤改良剂、花土或者肥料，对于贻贝壳的利用具有更大的意义。

贻贝壳生物催化剂

生物柴油是利用甲醇（或乙醇）等低碳醇类物质与天然植物油或动物脂肪的主要成分甘油三酸酯发生酯交换反应得到的脂肪酸甲酯（或脂肪酸乙酯），通过将甘油三酸酯断裂为三个长链脂肪酸甲酯，从而缩短链的长度，降低燃料的黏度，改善油料的流动性和汽化性能，达到燃料油的使用要求（见图 4-13）。而在生物柴油制备过程中，催化剂起到了关键作用，是在动植物油脂以及下脚料用于生产燃料油的过程中，起加速化学反应，增加出油率，提高燃油质量的一种化学助剂，在生物柴油制取过程中选择合适的催化剂对产油率和产油质量方面起到很大的作用。在生物柴油制取技术中，CaO 催化酯交换反应是一种非均相催化酯交换反应，因其能从反应后的混合物中分离并能多次循环使用，且能避免均相催化反应中乳化现象严重等问题而受到广泛关注，因此 CaO 催化被证明是一种合适的催化剂。高温煅烧后的贻贝壳主要成分为氧化钙，这为寻找花费较低的、技术简单的催化剂提供了新选择。Hu 等利用煅烧后的牡蛎壳做生物柴油的催化剂，结果表明催化效果显著。Rezaei 等的研究也表明，煅烧后的贻贝壳亦可以用作制取生物柴油均相催化剂，具有非常不错的效果。李勇、张兆霞利用贝壳粉为载体制备的催化剂催化合成脂肪酸甲酯，焙烧温度为 600℃、活性组分负载量为 20% 时，生物柴油产率可达 98.1%，滤出的催化剂可重复使用 10 次。

此外，各种金属和金属氧化物纳米颗粒，如银、金、钯、铂或双金属复合材料已被用作高效纳米催化剂，用来降解一些有机染料和芳香硝基化合物。然而，这些纳米

粒子在溶液中由于范德瓦尔斯力和高表面能，粒子间相互作用表现出强烈的聚集趋势，降低纳米催化剂的催化效率和稳定性。除了核心－壳结构，使用多孔材料作为底物也是催化剂载体的良好选择。多孔基质的使用不仅使反应后的催化剂更容易回收，从而减少了催化剂的用量。废水与金属的污染、染料分子在介孔吸附，提高光催化剂对染料等污染物的催化性能及去除效果。此外，它还具有抑制催化剂颗粒生长、粒子聚集等优点。邹晓兰以珍珠贝贝壳作为载体，煅烧活化后采用水解法制备了纳米 Cu_2O/ 贝壳复合材料，复合材料对紫外光和可见光均有良好的吸收效果；张鑫、陈嘉琳等采用溶剂热法制备了不同质量百分比的贝壳粉 /BiOI 复合光催化剂，贝壳粉的添加使能使 BiOI 的催化性能显著提高。

图 4-15　生物柴油催化剂

贻贝壳建材

贻贝壳建材近年来大热，这主要因为其天然无污染的材质和经过加热处理后会出现的类似活性炭一样的多孔结构。Ballester 等做了用贻贝壳来生产混凝土的试验，得到了如下的结论：相对于用采石场中的 $CaCO_3$ 改善混凝土的机械性能，利用从贻贝壳中提取的 $CaCO_3$ 能带来更多的经济效益。Fombuena 等亦做了用海贝壳中提取的 $CaCO_3$ 作为混凝土添加剂的试验，在加入占混凝土湿重 30% 的海贝壳后，可以将混凝土的弯曲系数提高 50%，硬度 55D 提高 6%，玻璃转化温度提高 13%。陆淞飞等通过试验也证实了废弃贻贝壳在建材领域应用的可行性。目前在家装上有特殊制备的贻贝壳粉，和贻贝壳漆等产品，这些贻贝壳粉经过研磨，高温烧制及特殊工艺制成，不添加任何有害物质，不仅不散发甲醛、苯、氨气、TVOC（挥发性有机化合物）等有害气体，而且具有吸附、分解这些有害气体的功能。相比于硅藻泥，贝壳粉生态涂料同样具有绿色环保的自然特性。在防火阻燃、调节空气湿度、吸音降噪、防静电及抗菌、抑菌作用方面毫不逊色，吸附性能与硅藻泥几无差别，但其比重更小，因而施工性能更佳，更具质感柔滑的视觉效果。以贝壳粉生物涂料为例，其主要特性有如下几点：

（1）净化空气，经过煅烧处理的贝壳粉微细颗粒为多孔纤维状双螺旋体构造，可以有效去除空气中的游离甲醛、苯、氨等有害物质及因宠物、吸烟、垃圾所产生的异味，净化室内空气。同时贝壳粉的多孔结构有利于制成具有光触媒特性的内墙生态壁材。

（2）消除异味功能，钙的化合物在生活中多用于除味剂，因此贝壳粉可以对室内烟味、婴幼儿、病人、宠物、霉菌所散发的气味以及室内杂味都具有有效的祛除作用，尤其对烟在室内所散发的一氧化碳和浮游粉尘具有吸附作用。

（3）抗菌、抑菌作用，经过特殊烧制处理的贝壳粉沫对大肠杆菌有极强的抗菌和杀菌作用，另外对沙门氏菌、黄色葡萄糖菌也有显著疗效。不仅具有高性能的抗菌性，而且具有防腐、防扁虱的功能。

（4）防静电性能，贝壳粉生物涂料以经过特殊处理的天然多微细结构孔道贝壳为原材料，其成分 100% 为钙，因此具有很好的防静电性能。

（5）调节空气湿度，经过煅烧处理的贝壳粉自身为高强度多孔结构，所以有良好的水呼吸功能，在低气压、高湿度状态下墙面不结露，而在干燥的情况下，可以将墙内储藏的水分缓缓释放。因此它的呼吸功能是室内湿度的调节剂，防止结露和微生物的产生，所以被誉为"会呼吸"的涂料。

（6）防火阻燃，贝壳粉生物涂料是由无机材料组成，因此不燃烧，即使发生火灾，贝壳粉只是出现熔融状态，不会产生任何对人体有害的气体烟雾等。

由此可以看出贻贝壳在建材方面具有广阔的应用前景，对减少和消除装修污染，具有重大意义。

贻贝壳对污染的处理

经过煅烧的贻贝壳呈特殊的多孔结构，具有良好的吸附性能，现在很多研究者利用贻贝壳去除土壤或水体中重金属，水体中的氮、磷和偶氮染料等污染物。贻贝壳中方解石型碳酸钙可以引起土壤 pH 增加，使金属形成金属氢氧化物沉淀，从而去除土壤中的重金属，同时煅烧过贝壳的多孔结构，也可以有效吸附部分重金属。Ahmad 等用贻贝壳来处理高度铅污染的土壤，经处理后，Pb 的生物可利用率从 8.71% 降低到 0.65%。Garrido-Rodriguez 等研究了贻贝壳对矿土中同时含有铜、镉、镍和锌重金属的影响，结果表明，贻贝壳可以提高对这 4 种重金属的吸附性。Pea-Rodríguez 等研究了贻贝壳的煅烧物对水中汞的吸附作用，结果表明，不同条件下贻贝壳对水体中汞的去除率可达 50% ~ 90%，是优良的汞的吸附剂。在另一个研究中发现，溶液中如果有磷的存在，贻贝壳煅烧物可以提高汞的去除率。Currie 等用贻贝壳煅烧物对水中磷的去

除率可达 90%，而不加贻贝壳煅烧物对磷的去除率只有 40%。Abeynaike 等比较了颗粒大小不同的 2 种贻贝壳粉对磷的去除效果，结果表明，粒径为 212～250 微米的贻贝壳粉，在浓度为 5 克 / 升时对磷的去除率为 95%；而粒径为 53～106 微米的贻贝壳粉，在浓度为 196 毫克 / 升时对磷的去除率就达到 90%。对贻贝壳粉除磷的机理的报道表明，去除作用主要是由于均匀核化作用形成悬浮沉淀以及未分解的方解石颗粒的吸附和异相成核沉淀共同作用的结果。Xiong 等用贻贝壳粉去除水溶液中的磷，结果显示，贻贝壳粉是优良的磷吸附材料，在较高的 pH（pH = 5.5）的原始溶液中，改性的贻贝壳粉（经过煅烧）比未经处理过的对磷的吸附效果提高 50% 以上。

除此之外，贝壳粉对于水体中的多种燃料也具有很好的去除作用，Haddad 等对贻贝壳煅烧物除去水体中的盐基性红色染料（番红精）生物吸附的动力学和热力学进行了研究。研究表明，当番红精浓度为 150 毫克 / 升、pH 为 9.2 时，200 毫克 / 升的贻贝壳煅烧物对番红精的去除率可达 87.56%。以上均证明贻贝壳是一个非常高效的、环境友好的廉价的污染处理剂和生物吸附剂。Shariffuddin 曾首次探讨了将从贻贝壳中提取的羟磷灰石作为降解含有偶氮染料废水催化剂的可行性，结果表明，从贻贝壳中提取的羟磷灰石是一个绿色、可再生的废水光降解处理的催化剂。

贻贝壳生物填料

$CaCO_3$ 是用量最大的无机化工原料，随着我国高新技术的快速发展，塑胶、涂料、造纸和油墨等行业产品的升级，对高性能碳酸钙的需求不断增加。而贻贝壳作为天然的碳酸钙来源，受到了国内外学者的关注。国内浙江大学夏枚生和杭州电子科技大学姚志通联合开展了大量有关贝壳填料表面特性、表面改性及其填充 PP、LDPE 等聚合物的研究，研究结果显示，贝壳粉体呈双亲性，且为弱碱性 Lewis 两性材料，填充聚合物时增韧效果明显；杨子明、彭政，改性纳米贝壳粉对天然橡胶复合材料力学性能的影响采用钛酸酯对纳米贝壳粉（SP）进行了表面改性，并制备了改性纳米贝壳粉，通过与天然胶乳共混，制备了天然橡胶 / 贝壳粉（NR/SP）纳米复合材料，研究了改性纳米贝壳粉对天然橡胶纳米复合材料力学性能的影响。结果表明，改性剂钛酸酯成功地偶联到贝壳粉表面，经过表面化学改性后贝壳粉表面接触角由 73.5° 增大到 110.8°；当纳米贝壳粉用量为 10% 时，NR/SP 复合材料可获得最佳力学性能，拉伸强度可达到 34.05 兆帕；Chong 等学者以废聚丙烯和贝壳为原料，制备了阻燃塑料，贝壳粉经溴化十六烷基三甲铵包覆后也有效提高了复合材料的冲击强度、拉伸强度和断裂伸长率。

贻贝壳制备纳米羟基磷灰石（nHA）

生物材料羟基磷灰石（hydroxyapatite，HA）是磷灰石中含氢氧根的纯正端元，羟磷灰石的晶系为六方晶系，比重为 3.08，摩氏硬度为 5，纯的羟磷灰石粉末是白色，但天然的羟磷灰石会夹杂着棕色、黄色或绿色，羟基磷灰石是脊椎动物骨骼和牙齿的重要无机组分，具有优良的生物相容性、生物活性、骨传导性，化学性质稳定，可作为药物缓释载体和骨组织工程学的修复材料，其中尤其是纳米羟基磷灰石（nHA）具有高比表面积、高载药量、肿瘤抑制性等常规 HA 所不具有的性质，也为国内外研究学者所关注。通过人工的方式合成高活性的纳米羟基磷灰石（见图 4-16），作为骨骼的修复，因其是人体骨骼组织的主要无机组成成分，植入体内后，钙和磷会游离出材料表面被身体组织吸收，并生长出新的组织，牙齿表面的珐琅质的主要成分亦是羟基磷灰石。制作羟磷灰石粉末的方法很多，比较常见的方法有沉淀法、水解法、水热法及固相法等。根据 AminShavandi 等人研究报道，利用废弃的贻贝壳，使用湿法沉淀的方法（参照图），成功制备棒状的纳米羟基磷灰石，这些棒状羟基磷灰石晶体更易于维生素 D 结合蛋白的附着和成骨代谢，而制备得到的羟基磷灰石，可以作为处理骨替代材料、整形和整容外科、齿科、层析纯化、补钙剂，可广泛应用于制造认同牙齿或骨骼成分的尖端新素材。

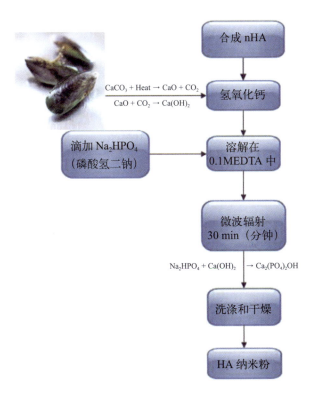

图 4-16 利用贻贝壳制备纳米羟基磷灰石（nHA）步骤

除以上产品外，贻贝壳还可以制作成保鲜抗菌的产品、脱卤产品、吸附剂等产品（表4-1）。贻贝壳具有如此广阔的应用前景，应该在加快创新的同时实现产品的落地化与产业化。

表4-1　贻贝壳资源利用方法及其优势

高值化利用方法	优势
果蔬洗涤	天然无污染，可去除农药等残留
土壤改良剂	天然无污染，替代商用石灰、沸石和其他钙质材料；废物消纳量较大，有效改善酸性土壤
钙补充剂	节约原材料，天然绿色，钙质纯净易吸收
生物催化剂	天然无污染，可替代其他非均相催化剂，增加产油率；增加光催化剂的催化性能和效率
建材	替代其他骨料，节约了原材料，天然无污染
污染处理	吸附性能良好，节省了使用传统吸附剂的成本，天然无污染
生物填料	天然生物质材料，可替代商用碳酸钙和其他无机填料；改善产品力学性能，降低产品生产成本
纳米羟基磷灰石	天然的生物质材料，具有良好的生物相容性和成骨特性
抗菌剂	具有良好的抗菌性能，天然无污染无毒害作用

五、贻贝产品市场

我国贻贝的产品种类相对繁杂，不同的产品市场有所不同。鲜销市场行情较好，但由于我国贻贝养殖面积广阔，养殖户分散，也存在诸多竞争，导致多头出击、分散经营等散乱局面，时常造成价格内讧和贻贝过剩的现象。同时由于不同海区的贻贝上市不同也有效错开了部分竞争，总体来说鲜品市场状况良好，但是在鲜销上，还需要在稳定现有传统市场的基础上，充分发挥抱团经营的优势，大胆创新销售模式和保鲜技术，不断扩大销售半径，开拓新市场；干品在国内非常受欢迎，大部分会销往内地，也有小部分会出口，由于市场供需的不平衡，也会出现部分积压库存的状况，但通过一些降价或者加工成配菜或者火锅底料的方法，也能够有效解决积压问题；关于冻品市场，大部分是出口国外，目前出口的国家有韩国、日本、欧美、俄罗斯、东南亚和非洲等国家，由于冷冻过后的颗粒贻贝易于保存，所以大部分贻贝工厂多是先对采收的贻贝进行处理，后逐步销售消化库存，这就会存在诸多销售的竞争，据悉2011年，山东颗粒贻贝(规格 200 ～ 300 粒 / 千克)只销 0.9 万元 / 吨～ 1.2 万元 / 吨,与嵊泗产品(规格 300 ～ 500 粒 / 千克) 1.4 ～ 1.5 万元 / 吨的价格相差 4 000 ～ 5 000 元 / 吨,虽然嵊泗县产品在质量方面有一定优势,但面对如此大的价格差距还是难以避免订单的流失,加上韩国市场 4 000 ～ 5 000 吨的颗粒贻贝市场容量已被山东产品占去约 3000 吨,所以偶尔会出现较多的库存积压的情况,此时需要跟进销售,积极扩展销路。除此之外的熏制贻贝、贻贝小食品、贻贝软罐头等产品,大部分均在国内销售,值得一提的是,舟山佳和佳烟熏食品有限公司制作的熏制贻贝,远销日本、美国等国家,其加工利润相当于原来粗加工的数倍,可见贻贝精加工市场的广阔,这为贻贝新产品开发创新做出了榜样。

第五章

嵊泗县贻贝产业
发展现状

一、海上仙山——嵊泗

嵊泗即嵊泗列岛，地处舟山群岛北部，东起浪岗山列岛及海礁礁群，西至杭州湾内的黄盘岛，北依花鸟山扼长江口之门户，南与岱山县川湖列岛相望。位于长江口与杭州湾汇合之处，是我国海上南北交通的中心，也是对外开放的重要门户。嵊泗主要由泗礁、嵊山、花鸟、洋山、黄龙、枸杞等404个大小岛屿组成，其中住人岛屿16个，海陆面积8738平方千米，陆域面积86平方千米，最大的岛屿为泗礁岛。嵊泗列岛属亚热带海洋性季风气候，冬无严寒，夏无酷暑，常年平均气温为15.8℃，年均降水量973.3毫米，降水期较集中于春、夏两季；日照充足，年均日照达2 118.2小时，年无霜期在300天以上，素有"东方夏威夷"之称。这里是中国最大的渔场——舟山渔场的中心，这里素有"东海鱼库"之称。著名的嵊山渔港，入汛期间，万船云集，桅樯如林，白昼鱼市兴隆，入夜渔火点点，堪称海景一绝，枸杞的贻贝、黄龙的开洋、大洋和金平的海蜇皮、嵊山的海蜒等，都驰名中外，畅销日本、美国和东南亚等地。嵊泗列岛历史悠久，有很多关于东海仙岛脍炙人口的传说，四百岛屿，棋布星罗，枕海听涛，无不向世人展示着它姝丽迷人、独具魅力的景色。同时这里有华东地区最大贻贝养殖基地，气候宜人，资源丰富，地灵人杰，港、渔、景独特地融汇了海洋文化与海岛渔民风情，有"中国第一岛城"的美誉。

1. 地理位置优越，港口资源丰富

嵊泗东临太平洋，西经东海大桥与上海相接，南与普陀山隔海相望，北接黄海，地处于亚太经济发展区的重点地带（见图5-1），是我国18000千米海岸线的中心点——长江、钱塘江的交会处，它与上海隔海相望，距上海南汇芦潮港仅17海里，距上海吴淞口60海里，距上海海港新城26海里，距浙江定海74海里，距日本长崎约400海里，为沪、杭、甬之屏障，我国沿海经济发展"T"字型结构的枢纽点，江海联运的枢纽，国内外海轮进出长江口的必经之地。区位优越，是我国海上南北交通的中心，也是对外开放的重要门户，奠定了其在海上丝绸之路东海航线中的重要地位。

嵊泗县港口资源十分丰富，全县共有大小岛礁404个，自然形成了大小洋山、泗礁黄龙、绿华花鸟、嵊山枸杞的四个深水港域，海陆域面积达8 824平方千米，其中陆域面积86平方千米，水域宽阔、航道顺畅、冲淤平衡，水深在-10 ~ -20米以上岸段港湾众多，据不完全统计可利用的深水岸线约55千米，目前用作港口建设的深水岸线约10千米。

图 5-1 嵊泗地理位置优越

洋山港区：位于杭州湾入海口，长江与钱塘江交汇处，在上海芦潮港的东南，泗礁岛的西南。距芦潮港 30 千米，距泗礁 39 千米。大小洋山共有 66 个岛屿，主岛为大洋岛和小洋岛，其北面的岛屿构成西北至东南向的岛屿链，南面的岛屿构成了东西向的岛屿链，两条岛屿链间的宽阔水域构成洋山港域。港域面积 45 平方千米，港域岸线前沿水深 −15 米以上，离岸 200 米。目前，上海国际航运中心集装箱深水港正在小洋山港区开发建设，连接上海南汇至小洋山港区长为 32.5 千米、6 车道的跨海大桥（东海大桥）已经贯通，洋山港区一期工程建设 5 个集装箱深水泊位，设计年吞吐量为 220 万标准箱，二期工程建设 4 个集装箱深水泊位，设计年吞吐量为 210 万标准箱，已相继建成投入营运。2008 年，三期工程竣工并开港投入使用，标志着洋山深水港北港区全面建成。北港区现已建成 16 个深水集装箱泊位，岸线全长 5.6 千米，年吞吐能力为 930 万标准箱，吹填砂石 1 亿立方米，总面积达到 8 平方千米。更为壮观的是，在连成一片的 5.6 千米的码头上，整齐地排列着 60 台高达 70 米的集装箱桥吊，这些庞然大物每天可装卸 3 万只集装箱。2014 年，四期工程正式开工建设，总投资 139 亿元，2017 年底，上海洋山港四期自动化码头开港试生产，这个拥有 7 个大型深水泊位的"超级工程"将成为全球最大的智能集装箱码头。从国家战略全局考虑，上海市、浙江省联合开发建设上海国际航运中心洋山深水港区。洋山港区行政区域不变，其口岸、港政、航政归属上海管辖，建设项目投资按照市场化运作，开创了我国跨省市联合开发建设大型港口的先例。

泗礁港区：位于嵊泗列岛中部，建港条件优越，适宜建设深水港的主要有马迹山岸段和大小黄龙岸段。马迹山岸段位于泗礁岛西南马迹山岛的南岸，东北距县城菜园镇 5.2 千米，南距舟山本岛 135 千米，西北距上海芦潮港 57 千米。可利用深水岸线约 7 500 米，前沿水深 −20 ～ −30 米。目前，马迹山岸线已开发利用 1 700 米，用于建设宝钢马迹山矿石中转码头，其中码头一期工程已于 2002 年底建成并投产，主要包括 25 万吨级（兼靠 30 万吨级）卸船泊位、3.5 万吨级装船泊位、工作船泊位各一个，港区陆域面积 48.5 公顷。马迹山矿石中转码头二期工程，建设 30 万吨级卸船泊位一个，5 万吨级、1 万吨级装船泊位各一个，并相继建成投入运行，形成 3 000 万吨吞吐能力，最终整个马迹山矿石中转码头的设计吞吐能力可达 5 000 万吨。大小黄龙深水岸段位于大小黄龙岛南面，离泗礁岛 3 千米，可利用深水岸线约 3 500 米，水深 −10 ～ −15 米，距岸 100 ～ 200 米。

绿华港区：位于泗礁岛东北 10 千米处，濒临长江入海口，与上海外高桥港区隔海相望，水路至长江口引水锚地 30 海里，至吴淞口 60 海里，是进出长江口、上海港、国际航线的必经之地。可建深水港的主要有绿华山深水岸线和绿华南锚地。绿华山深水岸线，前沿水深 −10 ～ −25 米。绿华南锚地，海域水深域阔，水深大都在 −20 ～ −70 米之间，已对外开放的海域面积 25.74 平方千米。1978 年交通部批准在此锚泊"双峰海"轮（1999 年改为"新双峰海"轮）并成立上海港减载站，为进出上海港的大宗货物船舶减载，"新双峰海"轮作业天数在 300 天以上，2005 年锚地减载吞吐量达 1400 万吨，主要货物为矿、粮食、化肥等，该锚地可进一步发展为长江流域各类大型货物的减载中转基地。

嵊山、枸杞港区：位于嵊泗海域的东部，距泗礁 35 千米。嵊山、枸杞港域主要由嵊山岛、枸杞岛及其两岛环抱而成的深水海域组成，可建深水码头的主要有嵊山深水岸段和枸杞深水岸段，两处深水岸线水深 −10 ～ −30 米。连接嵊山、枸杞两岛的三礁江桥已动工建设。嵊山、枸杞曾经是舟山渔场中心，现仍是以捕捞、养殖为主的渔港基地。

贻贝之乡——枸杞岛

枸杞岛是浙江省舟山群岛北部的一个岛屿，位于嵊泗县东部。陆地面积 5.92 平方千米，是马鞍列岛中的最大岛屿，岛上最高海拔 199.3 米。枸杞岛是浙江省舟山群岛北部的一个岛屿，是枸杞乡区域内唯一有人居住的岛屿。枸杞岛被摄影家们称作"海上布达拉宫"，主要是枸杞岛的建筑看上去都像镶嵌在山崖上一样，层层叠叠，除此之外，其余山上地方都是原始绿化，岛屿的森林覆盖率达到 53%，所以家家基本上面朝大海，春暖花开，岛内具有得天独厚的"渔、港、景"资源优势，"山海奇观"气势雄伟，渔乡风情古朴浓郁，四季分明，气候宜人，是理想的旅游、观光、避暑之地。

世外桃源——花鸟岛

花鸟乡地处国际航道，位于舟山群岛的最北端，马鞍列岛北部，四面环海，东邻公海，南与壁下相望，西南与绿华一港之隔，同嵊山渔港遥遥相对。花鸟以岛建乡，由花鸟山及其周围 11 个岛屿组成，除花鸟山外，别的均为人工岛屿，陆地面积 3.28 平方千米。花鸟岛以形似飞鸟而得名，山上花草丛生，鸟语花香，环岛四周，浪击悬崖，清波银涛，石矗山奇，加上驰名中外的花鸟灯塔，更是吸引着往来的游客。

2. 历史悠久，文化绵长

今嵊泗县，唐宋时称为北界。明洪武二十年 (1387 年)，昌国县和蓬莱乡、北界村等一并废置，北界村这一地名亦废弃。清同治九年 (1870 年)，英国人在花鸟岛上建造灯塔。因岛上两峰对峙形似马鞍，故称崇明县外海诸岛为马鞍群岛，包括嵊山、泗礁、小洋，及其附近的岛屿。上述北界和马鞍群岛，为旧时对今嵊泗列岛的称呼。民国 21 年，即 1932 年 8 月 7 日，崇明县官方报——《新崇报》第四版《学术评论》栏，刊登了周会《开发泗礁、嵊山之商榷》一文。其云："盖定海、嵊泗间交通，实较与本邑（按：指崇明）为便。"于此，首先使用了"嵊泗"这一地名。1934 年 3 月，崇明县颁发了嵊泗设治的官方文书。此后，嵊泗遂为江苏省崇明县之第五区。此乃"嵊泗"这一地名，见诸于官方记载的最早记录。自 1932 年至今，已有 70 年。嵊泗之"嵊"和"泗"，取自嵊山和泗礁。原均无偏旁，为"乘"和"四"。"乘四"嵊泗者，一乘四马，为岛屿围拱之意。嵊泗列岛，意即岛屿众多的列岛。然而，当时所指的嵊泗，包括泗礁山及其附近的岛屿旧称巴克列岛，和嵊山及其附近的岛屿旧称马鞍列岛，此即今嵊泗列岛之雏形，亦可称为狭义的嵊泗列岛。广义的嵊泗列岛，应包括巴克列岛、马鞍列岛和乱形列岛，即大、小洋山及其附近的岛屿，以及滩浒，即今嵊泗县全境。1949 年置县时，命名为嵊泗，乃取列岛之名。

据《史记》和《水经注》记载，上古时期，嵊泗地为南蛮、东夷其中岛夷之地。远在三千五百年前的新石器时代，岛上已有人居住，嵊泗菜园镇的基湖村就曾发现原始人使用过的石斧、石锛、印纹陶片和完整的鹿角，同时还发现有战国前期人类居住的遗址。春秋、战国时，为越国东境句章县海中洲（亦称甬东或甬句东）。今嵊泗县为当时海中洲的一部分。战国后期，楚灭越置江东郡，为楚国江东郡句（gōu）章县地；公元前 221 年，秦统一六国，遂分天下为三十六郡。嵊泗地属会稽郡贸县。楚汉之际，属西楚霸王项羽封地之东楚会稽郡鄮县；西汉高祖刘邦分封异姓诸侯王后，属楚王韩信封地之会稽郡鄮县。削平异姓诸侯王、分封同姓诸侯王后，嵊泗地域，先为荆王刘贾荆国之地，后为吴王刘濞吴国之地，均属会稽郡鄮县。景帝三年（公元前 154 年），平定吴楚七国之乱，吴王刘濞受诛，遂属江都王刘非封地之会稽郡鄮县。元封五年（公元前106 年），分天下为十三州刺史部。嵊泗地属扬州刺史部会稽郡鄮县；据《汉书·地理志》，新莽时改鄮为海治。东汉时，仍属扬州刺史部会稽郡鄮县。三国时，属吴国扬州会稽郡鄮县；晋因袭东汉州制。西晋初至东晋太宁二年（公元 265—324 年），嵊泗属扬州会稽郡鄮县。太宁二年，改会稽郡为会稽国；东晋隆安三年至元兴元年（公元 399—402 年），孙恩率领 20 余万起义军，曾一度占据鄮县诸岛（今嵊泗列岛和舟山群岛）；南朝宋时，属扬州（或东扬州）会稽郡鄮县；齐时，属扬州会稽郡鄮县；梁时，与宋同；陈时，属东扬州会稽郡余姚县。隋文帝平陈后，置吴州总管府，嵊泗地属吴州总管府句章县；大业元年（605 年），属越州句章县，大业三年，改越州为会稽郡。唐武德四年（621 年）平李子通，置越州总管（府）和鄞州，不设县。嵊泗县地属越州总管（府）鄞州。武德八年，属越州都督（府）越州、县。贞观元年（627 年），分天下为十道。嵊泗地属江南道越州鄮县。开元二十一年（733 年），增至十五道，遂属江南东道。开元二十六年，于鄮县置明州并析翁山县，嵊泗地属明州翁山县。天宝元年（742 年），改明州为余姚郡。乾元元年（758 年），置浙江东道节度使，郡复为州，遂属浙江东道明州。大历六年（771年），因"袁晁之乱"废翁山县，属鄮县；五代梁开平三年（909 年），鄮县复析翁山县，嵊泗地属吴越国明州翁山县。北宋太平兴国三年（978 年），吴越国纳土归宋，翁山县复废。嵊泗地属明州鄞县。淳化四年（993 年），分天下州县为十道。嵊泗地属浙东道。至道、天圣、元丰年间，嵊泗地域均属两浙路。熙宁六年（1073 年），析鄞县地置昌国县，遂属昌国县。南宋绍兴元年（1131 年），两浙分东、西路。嵊泗地属两浙东路。绍熙五年（1194 年），升明州为庆元府；元朝至元二十一至二十七年（1284～1290 年），属江浙等处行中收省浙东道宣慰司庆元路昌国州昌国县；明初，因袭元行省制，后改行省为布政使司。洪武二年(1369 年)，嵊泗地属江浙等处行中书省明州府昌国县。洪武十四年，改明州为宁波。洪武二十年，昌国县废，迁其民于内地，夷县为中中、中左两千户所。嵊泗地域，属浙江承宣布政使司宁波府定海县（即今镇海）。洪武二十九年，于布政使司下设浙东道，管辖所属府、县。据《明史·职官志》，今嵊泗县境明时属宁绍分巡道；清初因袭明制。嵊泗地属浙江承宣布政使司宁绍道宁波府定海县（今镇海）。寻改属闽浙总督浙江省(巡抚)宁绍台道。不久废闽浙总督而设浙江总督。康熙二十七年(1688 年)，于舟山置定海县。嵊泗地属定海县。康熙二十九年，分定江、浙洋汛。嵊泗地域划归江苏省（布政使司）苏松太道苏州府太仓州崇明县。雍正二年（1742 年），升太仓为

直隶州；民国元年至五年（1912—1916年），属江苏省崇明县。民国五年，在清苏松太道的基础上，设沪海道尹于上海，民国五～七年，属江苏省沪海道崇明县。民国七年，沪海道废，由江苏省水上第一警察厅负责崇明县外海诸岛的治安和防务，行政上属崇明县；1949年10月，置嵊泗县，属由大陆流亡本县枸杞岛的江苏省政府管辖。1950年7月，嵊泗解放，设特区和军管会，属苏南松江专区。1951年3月，特区和军管会均撤销，复置县。隶属不变；1952年，苏南、苏北行政区合并为江苏省，嵊泗县属江苏省松江专区。1950年7月7日，嵊泗全列岛解放。1953年6月，嵊泗县划归浙江省舟山专区。1958年10月，舟山专员公署和嵊泗县均撤销，遂为宁波专区舟山县嵊泗人民公社。1960年11月—1962年4月，嵊泗人民公社划归上海市。

此外据古籍记载，我国历史上几次重大的航海事件，如唐朝鉴真和尚六渡扶桑；明朝郑和七下西洋；明末郑成功征发台湾岛等都途经嵊泗。嵊泗的历史沿革也经历了一个比较复杂的过程。据新版《嵊泗县志》载："唐大中四年（850年）在小洋山建有隋炀帝庙。后晋天福八年（943年）在泗礁山建有资福院。北宋熙宁六年（1073年）有蓬莱乡北界村，此乃本县行政建置之始。"隋唐前嵊泗的大洋山、徐公山、黄龙山属会稽郡句章县。唐初，属贸县，开元二十六年（738年）分贸县于舟山建翁山县，北宋熙宁六年又在舟山建昌国县，嵊泗均为所属。如果按照隋炀帝庙建庙（850年）算起，嵊泗有文字记载可查的历史已有1000余年。由于嵊泗地处海域，又是进出长江口的门户，也就成了历来的兵家必争之地。明代万历年间，戚继光等抗倭名将在舟嵊平倭屡建奇功；1840年鸦片战争，英国侵略者从舟嵊打开缺口，进入长江，迫使清政府签订丧权辱国的《南京条约》；"七·七"芦沟桥事变后，日寇以嵊泗为基地，向沪杭大举进攻，爆发震惊中外的"八·一三"事变；新中国成立前夕，党领导的东海游击队在舟山六横突围后，坚守嵊泗滩浒岛，谱写了"孤岛百天"的壮丽诗篇。1962年4月，恢复县建制，嵊泗县仍归浙江省舟山专区。1970年4月，改舟山专区为舟山地区，嵊泗县属舟山地区。1987年3月，改舟山地区为舟山市，嵊泗县属舟山市。嵊泗列岛，从此揭开了嵊泗历史崭新的一页。

3．风光旖旎，资源丰富

唐代大诗人李白游历东海时曾对嵊泗列岛有"忽闻海外有仙山，山在虚无缥缈间"的赞誉，"海外仙山"也因此成为嵊泗列岛的代名词。1988年8月嵊泗列岛通过了国务院的批准，成为国家重点风景名胜区，也是我国唯一的列岛型风景名胜区。嵊泗境内岛屿耸立，礁岩棋布，海域面积十分广阔，适合各类海洋生物在此生长繁殖。嵊泗冬暖夏凉，温度适宜。海域水质优良，饵料丰富，水文条件十分优越，盛产鱼、虾、蟹类、贝类、软体动物等各类海洋生物，因此素有"东海渔仓"和"海上牧场"之美称。作为宁波、上海及长三角地区鲜活水产品供应基地，有"天下海鲜、食在嵊泗"之说。嵊泗南邻"海天佛国"普陀山，境内岛屿耸立，礁岩棋布，各岛系天台山主脉延伸入海而形成的岛屿，以东到西依次为海礁、浪岗山列岛、马鞍列岛、泗礁诸岛、大小戢山和滩浒诸岛，404 座岛屿气象万千，风景独特，可谓处处有"海市"，座座是"仙山"。嵊泗东部海域常年蔚蓝浩淼，年均日照达 2118 小时，四大景区让每年百万游客流连忘返，泗礁景区以碧海金沙、礼佛朝圣为特色；花鸟景区以远东第一大灯塔——花鸟灯塔和雾岛景观著称；洋山景区以其特有的石头的灵幻而博得"海上雁荡"之名，其中，洋山石龙是代表，石龙双双卧于山顶，盘踞砾石间，腹部多处悬空，活灵活现，蔚为奇观；枸杞景区以渔港风情、悬崖峭壁、渔村民俗，以及现代海产品人工养殖为特色，素有"贻贝之乡"的美称。此外嵊泗的金色沙滩连绵亘长，遍布列岛，为我国长江三角洲地区首屈一指的海滨浴场；石奇、礁美、洞幽、崖险，嵊山"情人石"、洋山"灵礁"、黄龙"元宝石"等奇礁怪石遍临岛屿，是临碣观海的绝佳之地。嵊泗海景绚丽多姿，四季变幻、气候宜人，山海兼胜、人文荟萃，自然环境清馨优雅、人文风情浓郁诱人，面朝大海，春暖花开。鉴真东渡扶桑曾滞留过的大悲山遗址；明朝浙直总兵都督候继高笔下的"山海奇观"摩岩石刻；嵊山渔港里如林的桅樯，遮天的船旗，入夜后的万船灯火，还有渔民不时哼唱的渔歌、号子……无不飘逸着浓浓的海洋文化气息，讲述着生动感人的渔岛故事。

图 5-2　舟山沈家门渔港

图 5-3　嵊泗落日下的灯塔

　　这些深厚的文化底蕴和历史积淀，使嵊泗列岛风景名胜区更富情趣，更富魅力。嵊泗列岛冬无严寒，夏无酷暑，气候宜人，而且，鱼鲜蟹肥，各类海鲜，四季不断。所谓"靠山吃山，靠海吃海"，海洋经济一直以来都是嵊泗发展的中坚力量，据嵊泗县统计局数据显示，2014 年嵊泗海洋经济总产出 149.67 亿元，海洋经济增加值 63.81 亿元，海洋经济增加值占 GDP 的 79.6%；在嵊泗，渔业是国民经济的基础，也是社会发展的基础。统计显示，全县 2014 年实现农林牧副渔总产值 33.23 亿元，其中渔业总产值 32.81 亿元，占总产值的 98.7%；嵊泗 2014 全年水产品产量 33.10 万吨，其中海洋捕捞产量 24.84 万吨，海水养殖产量 8.26 万吨，海水养殖产值 1.82 亿元；2014 年"嵊泗贻贝"产量突破 8 万吨，养殖产值达 1.64 亿元。"嵊泗贻贝"产值占嵊泗海水养殖总产值的 90% 以上，贻贝产业是当地除捕捞业外的第二大产业，贻贝产业对于嵊泗海洋经济发展的重要意义不言而喻。

4. 海岛渔家，微城，慢生活

海岛渔民千百年来过着男耕女织的生活，耕是耕海，织是织网，经过长期的积累与摸索，渔人发展出了特殊的渔网绳结（见图 5-4），比如用于织网或者船上吊物的绳索打结就有"牛桩结""观音兜结""朵子结""外绕皮""羊角结"等不下几十种方法。嵊泗的民俗文化也同样具有海洋特色，在朝向好的鱼岙山腰，常常看见巍峨的庙宇"天后宫"，这源自于福建湄洲岛渔村的"妈祖"的信俗在嵊泗沿袭演化而成，十分盛行。如今在每年 9 月开渔节举行的祭海仪式上，除了祈求平安与丰收外，渔民们还以祭海为载体，呼吁全人类关爱海洋，呵护海洋。除此之外，渔民们还用他们的巧手将渔民生活具象化——绘出了一幅幅海味十足的渔民画，这些画作构思奇巧质朴，色彩大胆艳丽，糅合了美丽神秘的海洋传说和故事，还有渔民们质朴美好的生活希冀，洋溢着浓浓的海岛风情。

图 5-4 非物质文化遗产，渔家剪纸和绳结

渔民画（见图 5-5）最早是岛上渔民们用于装饰船体的一种艺术，比如在船尾上画上象征"龙外甥"的泥鳅作为镇水妖以趋避灾害；在船舱壁画上"足踏莲花观音"和"龙王献鱼虾"，以祈求平安和丰年。早期的鱼龙崇拜，影响着一代又一代的渔民，

男人们出海打鱼，女人们在家料理家务。现代渔村的女人们拿起画笔，开创了构图大胆、色彩绚烂、不拘格调、自成一派的嵊泗渔民画，他们的画不仅画在纸上，也画在房子上。

图 5-5　渔民把画绘到墙上，表达了对美好生活的向往

1988 年嵊泗县被文化部授予"民间绘画乡"的称号，1993 年"嵊泗渔民画"被编入《中国民间美术教育大全》。嵊泗全县住人岛屿共有 16 个，泗礁岛是最大的岛屿，面积 21.2 平方千米，也是县政府所在地，全县有人口 8 万，是一座典型的"微城"。嵊泗列岛仿若海中明珠一样，散布于碧波之上。整个风景区西起大小洋山，南至白节山，北达花鸟岛，东至我国领海基点的海礁，境内渔乡风景浓郁。海岛生活自古代表着一种亘古不变的惬意与舒适，基于海岛独特的生态环境，嵊泗提出了"慢生活"的时尚生活理念，让生活节奏慢下来，是紧张忙碌的都市人所向往的状态。嵊泗特色的"渔家乐"，通过渔船出海、拖网补虾、扳骨拉网、海上垂钓、贻贝收割、蟹笼捉蟹、赶海拾贝、荒岛探险、沙滩烧烤等活动，让游客当一天渔民，以感受渔民生活，让游客既能体会到回归自然的惬意，又能享受大海的休闲情趣，还能够体会渔民文化的特征。

二、嵊泗县贻贝养殖现状

1. 养殖历史

嵊泗把小小的贻贝产业做大做强，不仅取决于其得天独厚的地理和气候环境，同时也归结于嵊泗人能够把握住贻贝这个发展机遇。从原始的"攻"淡菜到人工移殖野生贻贝，再到现代规模化贻贝养殖，嵊泗贻贝逐渐从野生贻贝养殖中开辟出自己的品牌。

原始"攻"淡菜阶段

嵊泗贻贝历史悠久，早在上古时期，先民们已经开始采摘附着在礁石上的野生厚壳贻贝来食用、交易，这种采拾贻贝的活动被视为最早的海洋开发活动。到了唐代元和四年（809年），淡菜、海蚶等海物作为贡物被敬献朝廷，在《禹贡·疏》可知，"贡者，从下献上之称，谓以所出之谷，市其土地所生异物，献其所有，谓之厥贡。贡赋之物，为一地所生异物"，其中，所生异物也就是特产之物，到元和十五年（820年），唐穆宗长庆初年，又命进贡海味，后经元稹多次上书，淡菜等海物的进贡方被废止。据《新唐书》记载："明州岁贡淡菜蚶蛤之属"。时人对淡菜情有独钟，说"虽形状不典，而甚益人"，可见唐代时期，精心晒制的淡菜已经闻名于世，而此时贻贝的采摘也已小有规模。到了明朝时期，贻贝采摘规模逐渐扩大，与早期的采摘礁石之上的贻贝有所不同，已经发展成与之相关的一种在海水下的礁石上采摘贻贝的作业习俗，尤其是在嵊山、壁下山、枸杞山等东海外岛屿上，"攻"淡菜的时间，大多在春末和夏、秋汛期无风天气。"攻"的对象是生长在海水下礁石上个体较大、肉质较厚，一般能晒制贡淡、元淡干贝产品的野生大贻贝。"攻"的方式有三种，分别是"落长桡""落短桡"、短铲采集，这三种均需要身系腰篓，潜入海底，难度和风险都极大，具体是需要水下经验丰富的人员，先呼吸以往丹田内充足空气，沿垂绳潜入预先选好的礁岩处，用工具铲淡菜并收。因为古代的潜水技术的不发达，海底环境多变，所以所采摘的野生贻贝数量有限——但"攻"淡菜这个习俗也流传了下来，意指沿海水落到海礁深处铲取淡菜（贻贝）。到了晚清时期，淡菜已逐渐深入人心，当时象山诗人欧景岱有一首《淡菜》诗中这样描写道："渔家胜味等园蔬，老圃秋来尚未锄。淡到夫人名位正，无盐唐突又如何。"但是这个时期，只是以原始方式对野生的贻贝资源进行低水平的采集利用，虽然风味独特，但质量并非上乘，且采集的数量有限，常出现有价无市的现象，毫无养殖可言。因而在嵊泗，这一以食用采摘来的野生厚壳贻贝为主的历史仅持续到1958年。

人工移殖野生厚壳贻贝阶段

1958年春汛三四月间，嵊泗县枸杞乡石浦村的渔民徐金福，从沿海附着有密集厚壳贻贝的岩礁上铲下了三篮葵花子大小的野生幼贻贝，把它们移到了背风浪的5亩平坦的潮间带礁滩面上，经过一段时间的悉心管理培殖，徐金福首创的人工移殖增养野生贻贝幼苗试验成功了，这一次艰难而又微小的试验，拉开了人工移殖野生贻贝的帷幕。一个普通的捕鱼汉创造了一个奇迹，紧接着，枸杞渔业大队和嵊泗人民公社立即组织推广了这一技术，展开了较大规模的贻贝幼苗移殖增殖，并获得成功，时值年秋汛，喜获丰收，这次较大规模的贻贝移殖为以后的规模化养殖奠定了技术基础，但人工育苗技术的不成熟导致由于苗种的受限，养殖规模一直未有突破。

紫贻贝规模化养殖阶段

嵊泗贻贝养殖，在20世纪70年代之前，全县贻贝仍完全依赖自然生长、人工采挖，生产效率很低，直到1973年，在徐金福人工移殖野生贻贝幼苗试验的基础上，嵊泗县水产局的科技人员利用从辽宁大连引进的1500千克的紫贻贝苗种在枸杞和嵊山海域进行筏式人工试养，获得了巨大的成功，当年两地共放养贻贝2.5亩，获亩产3.8吨，由此，嵊泗县开辟了一条贻贝养殖的创新道路。但是由于技术有限，当时的紫贻贝苗种主要来源于大连、烟台等华东地区的育苗场。1974年10月，嵊泗县又从辽宁省大连市引进紫贻贝幼苗25吨，分别在枸杞、嵊山、绿华、花鸟等4个镇，组织12个养殖队进行放养，养殖总面积达41亩，次年养殖产量达92.15吨，共获利10324元，喜获丰收。据统计，1975—1985年间，嵊泗县向辽宁大连、山东烟台两地购入引进紫贻贝幼苗达2795吨。虽然紫贻贝育苗对成本和技术的要求都很高，但是嵊泗县政府和技术人员一直没有放弃对紫贻贝育苗的研究与探索，经过科研技术人员长期不断的试验和努力，1979年10月，紫贻贝工厂全人工育苗首次获得成功，于1980年通过技术鉴定，并获得浙江省科技成果四等奖；得益于此，1981年以后，全县紫贻贝幼苗开始自繁自育，就地自给，养殖面积不断扩大。虽然为从北方引入的品种，但由于嵊泗当地独特的海洋环境，经过多年采苗场的选择后，培育出的贻贝与其他地方出产的紫贻贝相比，嵊泗的紫贻贝颗粒较大，肉质鲜嫩肥美，其平均单颗重5～7克，长5～7厘米。壳呈黑色或者紫褐色，有光泽，肉质部分以洁白和杏黄居多，体型饱满，色泽明亮，肉质细密。1986—1990年，全县累计共投入紫贻贝幼苗3 500吨，产出1.9万吨；1990年共放养1 570亩，产出4 941吨，紫贻贝养殖占渔业总产量达5.8%；1993年放养2 747亩，产出10 373吨；2003年，全县养殖总面积逾万亩，产量达39 800吨，占全县水产品总产量16%；1996—2000年，紫贻贝养殖面积和产量分别以年均17.0%和14.5%左右的速度增长。到2001年，紫贻贝养殖实现了飞跃式的突破，养殖面积突破6 000亩，达到6 362亩，比2000年增长40.0%；产量突破2万吨，达到2.02万吨，比2000年增长18.1%。2014年，全县紫贻贝养殖面积约为1.50万亩，比2011年增长10.6%，产量与产值约为6.20万吨和6 300万元，比2011年分别增长57.3%和17.5%；三年间，养殖面积、产量和产值年均分别增长3.5%，16.2%和5.5%，收购价稳定在0.10～0.12万元/吨。

图 5-6　采收贻贝

厚壳贻贝规模化养殖阶段

　　"北苗南移"使嵊泗实现了紫贻贝的规模化养殖，嵊泗紫贻贝的养殖面积、产量、产值不断扩大，2009 年，嵊泗县紫贻贝养殖面积总计达 2.4 万亩，紫贻贝成为嵊泗主要的贻贝养殖品种。但是这种从北方引进的紫贻贝个体很小，价值不高，保质期较短，价格低廉，多供应低端市场；与之相比，嵊泗本地的厚壳贻贝个大、肉嫩，容易存活，保质期长，适宜加工出口，经济效益更高，综合算起来，厚壳贻贝价值是紫贻贝的五倍之多，获利空间大，市场前景十分可观，但是由于厚壳贻贝资源有限，苗种培育困难，无法实现规模化养殖，人工育苗技术一直难以突破，制约着嵊泗贻贝产业的扩大，影响了嵊泗贻贝产业整体效益。为了解决厚壳贻贝养殖苗种问题，2004 年，曾率先攻克大黄鱼育苗难题的舟山市海洋与渔业局原总工程师、育苗专家倪梦麟与嵊泗县海洋与渔业局相关人员组建起一支科研团队，开展厚壳贻贝育苗课题研究。直到 2008 年，倪梦麟团队在经过几年的不断研究和试验后，这个自 20 世纪 80 年代起就被持续攻关了 20 多年的难题得到了解决，团队在枸杞海域取得了小规模实验性育苗成功，标志了厚壳贻贝人工育苗技术的新突破，自此，厚壳贻贝趋规模化养殖格局基本成形。近 5 年后，在他带领的技术团队的指导下，嵊泗县内几家育苗场培育厚壳贻贝苗种共计约 40 亿粒，基本解决了当地广大养殖户对厚壳贻贝苗种的需求，厚壳贻贝在嵊泗贻贝养殖产业中所占比重逐年增加。据统计，到 2014 年，养殖面积超过 0.60 万亩，比 2011 年增长 7.4 倍，年均增长 100.1%，产量、平均收购价和产值分别约为 2 万吨、0.65 万元 / 吨和 1.1 亿元，比 2011 年分别增长 1.5 倍、7.4 倍和 1.9 倍，年均分别增长 36.3%、16.2% 和 42.5%。

嵊泗贻贝的产业化

嵊泗贻贝从区域养殖发展到大型产业经历了很长的时间，2001 年嵊泗贻贝产量为 1.7 万吨，2014 年嵊泗贻贝产量 81 914 吨，是嵊泗自养殖以来首次突破 8 万吨，同比增长 12.9%（见图 5-8）。值得一提的是嵊泗的枸杞是浙江省命名的"贻贝之乡"。枸杞贻贝具有营养丰富，味道鲜美，无污染等特点，作为绿色食品倍受消费者的喜爱。目前贻贝加工产品已出口到欧、美、日、韩市场，已改变了过去以鲜销为主的销售方式，国外专家专程考察了嵊泗贻贝产业，充分肯定了产品的质量和加工条件，并已达成共同合作意向。同时以本地厚壳贻贝为主的自然附苗已形成，改变了完全依赖于北方供应苗种的状况。嵊泗拥有广阔的海域，其面积达 8738 平方千米（见图 5-7），为发展贻贝产业提供了较大的发展空间。广阔的发展空间、优良的自然附苗区和配套的加工条件为建设贻贝产业化基地创造了条件，该项目已被浙江省海洋与渔业局列入省重点水产加工项目。

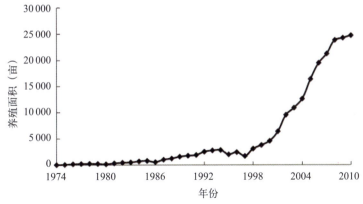

图 5-7　嵊泗贻贝养殖面积发展情况（1974—2010）

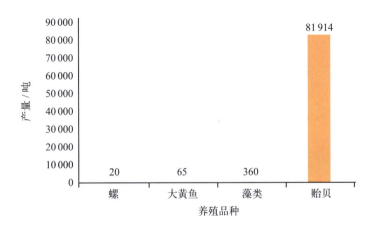

图 5-8　2014 年嵊泗县主要水产养殖品种产量表

2. 具体养殖方法

养殖方法主要包括苗种的生产和苗种的培育、苗种的出池和洗苗、包苗、放养和收割（见图5-9）。

苗种出池　　　　　　洗苗　　　　　　包苗

码头上简单清洗后出售　　　收割贻贝　　　包苗完毕放养

图 5-9　贻贝养殖收获流程图

苗种生产

贻贝苗种来源有两个途径：海区半人工采苗和人工育苗。所谓海区半人工采苗就是在野生贻贝繁殖季节，人为投放附着器，使幼苗附着在人工设置的附苗器上，从而获得大量贻贝贝苗，目前生产上以海区半人工采苗的方式为主。

海区半人工采苗

（1）采苗场：必须选在亲贝较多的海区，这样才能保证获得足够的幼虫，达到高度密集采苗的目的。海区地形以半圆形海湾为好，海湾外有岛屿屏蔽风浪，湾内潮流畅通，海水理化性质稳定，附近无大量淡水注入，无污染。雨季盐度不低于18‰，夏季水温不超过29℃，海区饵料丰富，敌害少。

（2）附苗器材：应具备经久耐用、附着面大、不含毒性、易采易收、来源方便等条件。目前贻贝采苗都用红棕色绳、白棕绳、稻草绳、油草绳、竹皮绳、聚乙烯绳、旧车胎、松木棒、石块和01壳等。使用前加工成串。制成一定形状供采苗用。此外也可以利用海带育苗帘采苗，效果也很好。

（3）采苗期：为了能采到更多的苗种，采苗器应在繁殖盛期之前投入，这样不仅可以采到大量的苗种，还可以避免因采苗器投放过早而被其他生物所占据，影响采苗效果，由于我国各地沿岸的水温等条件有差异，各地贻贝产卵时间不同，就是同一海区，也因年份不同、海况条件的差异，致使附苗期各年也不同。所以，应视每年水温变化情况，作好采苗预报工作，确定采苗期。

（4）采苗器投挂方法：投挂采苗器要避免绳索互相缠绞，要便于收苗分养和操作管理。主要采用单筏垂挂，也可用联筏垂挂、单筏平挂、筏间干挂等方法。采苗器投挂的数量要考虑到整个浮筏的浮力大小及采苗器的种类、粗细、长短等。一般以25厘米左右挂一条，每台筏子挂200～250条，垂挂于3米以内水层。

（5）附苗后的管理：附苗后要经常下海做好日常管理工作，检查附苗量，及时消除浮缏和采苗器上附着的杂藻及有害动物。随着贝苗生长要及时增加浮力防沉。

（6）收苗：幼苗附着后，经2个月左右，体长可达1厘米。此时贝苗的附着力增强，离水后流失率低，有利于收苗分包。收苗时间一般在8月中、下旬。有些地方在台风季节来到之前，提前收苗。

人工育苗

（1）基本设施：人工育苗的基本设施包括蓄水池、水塔、育苗室、饵料池、育苗池等。

供水系统：人工育苗池必须选在海水不受污染的海区，要防止工业废水、油类、酸类、碱类、农药等污染。育苗池要配备抽水机、进水管道、蓄水池和水塔、过滤池，以保证海水水质和数量。

育苗池：一般深1～1.5米，容水量4～5立方米。

饵料池：根据育苗池的大小而定，其容积一般应为育苗池容积的1/8～1/4，以保证足够量的饵料供应，单个饵料池一般2～3平方米，深40～50厘米。空气要流通，光线要充足。饵料池应有玻璃屋顶，池内铺白瓷砖。

（2）选择亲贝并催产：人工培育贻贝苗，首先需要选择和处理亲贝：亲贝要选择性腺成熟好，个体大，没有受伤的个体。个体越大产卵量越大，一个1～2龄体长5～6厘米的雌贝，每次产卵量可达300～500万；一个3龄体长7～9厘米的雌贝，则可产卵1 000万左右。选择亲贝的时间，应在人工产卵的前一天或当天。亲贝采回后，要剪去足缏，洗刷净贝壳上的附着物和污泥，以保持采卵海水的清洁，亲贝要尽量当天取回当天处理使用，离水时间太长会影响精子和卵的排放和质量。

其次需要人为的催产：催产的目的是使亲贝集中而大量排放精子和卵。亲贝能否正常并大量排放精子和卵的关键，在于性腺成熟程度，性腺成熟好，不用催产，也能大量排放；性腺成熟稍差的，经人工刺激催产，才能大量排放。催产的方法有物理刺激、化学刺激和生物刺激。比较有效而又简单的方法是阴干刺激和结合变温刺激。具体操作是把处理好的亲贝放在阴凉处干燥一至数小时，然后转入常温海水中或比常温高2～3℃的海水中，不久即可大量排放精子和卵。如果仍不排放，可再把水温升高2～3℃，

一般经 1 小时升温刺激后即可大量排放。

（3）贻贝受精与孵化：待亲贝产卵后，将亲贝捞取出来，然后加入相当于水体的 0.1%～0.3% 的精液，搅动海水，即可使卵受精。在卵子受精后，将过剩的精子和排放精子和卵带来的黏液、粪便等清洗掉。具体操作是先用网目为 80 微米的筛绢过滤一遍，滤去粪便和不成熟的卵块等，再将水体静置 40～60 分钟，然后用虹吸管将上层海水吸出 1/3～2/3，再加入新鲜海水，待卵沉降后，再吸出海水，反复 2～3 次，即可将卵洗干净。洗卵后，将卵子分散到各池中孵化，以水底有薄薄一层为宜，定时轻轻搅动海水，以提高孵化率。在水温 16～17℃ 的条件下，卵受精后 7～8 小时开始转动浮起，19 小时发育成担轮幼体，40 小时发育为面盘幼体。此时可将上层发育良好的幼体移到幼体培养池中进行培育。

（4）幼体培育：贻贝幼体如同刚出生的婴儿般脆弱，因此对环境要求较高，不仅需要适宜的温度、氧气和保持充足的饵料，同时对水体的鞭毛虫、纤毛虫等微生物有较高的要求，具体如下：

适宜密度：一般受精卵阶段 500～800 个 / 毫升，壳顶幼体阶段 10～20 个 / 毫升。

添水与换水：幼体刚入池时，水深应保持在 30～40 厘米，以后每天添加 10 厘米，直至满池后才改用换水方法，每天换出总水量的 1/3～1/2。

饵料：在 D 形幼体前是自身营养，在水温为 18～19℃ 条件下，受精后 48 小时发育到壳长 100 微米的 D 形幼体时，便开始摄食。选用饵料以小新月菱形藻、三角褐指藻、微球藻或全藻等为主。当幼体进入壳顶幼体阶段后，因摄食量大，可投喂个体较大的扁藻和盐藻。如投喂小型硅藻时，早期要求每毫升池水中达 7～8 千个，随幼体的增长逐渐增加到 1～2 万个；如投喂扁藻时，初期每毫升池水 3～5 千个，晚期 7～8 千个。幼体附着后，可增至每毫升池水 1～2 万个。如果活饵料不足，还可用酵母粉（磨碎），每升池水投入 0.5～1 克；或用豆粉，每升池水投入 2.5 克左右，先将豆粉煮熟，再过滤沉淀，取上层液体投喂。投喂时间一般在每天换水后进行。

氧气：为保证幼体发育正常，必须保证充足氧气，可用增氧机向池内充氧，或用长柄木耙经常缓慢搅动，促进气体交换。

光照：在培育过程中，应避免强光和不均匀的光照，室内培育池表面的光照强度一般可控制在 500 勒克司以下。过强的光照强度会使幼贝沉底集聚死亡。

盐度、酸碱度和温度：盐度适应范围为 25～30（相对密度 1.019～1.021）。酸碱度 pH 为 7.2～8.2，不宜超过 8.8。适温范围 10～20℃，尤以 12～18℃ 最为适宜。

预防敌害：幼体的主要敌害是纤毛虫和鞭毛虫，培育用海水一定要严格过滤。如发现敌害，可换水，或用适量药物处理，如用新鲜的大叶桉树叶 100 克，加淡水 1 升，煮沸 5 分钟，取清液以 5% 的比例加入藻液中，4 小时后便可杀死小白虫，而对扁藻无影响。每升海水中加入 5 万单位的青霉素和 50 毫克链霉素的混合液，亦能起到抑菌效果，还能促进幼体生长。

日常管理：在育苗期间，每天必须记录气温、水温等，必要时还要进行海水相对密度、酸碱度、溶解氧等的测定和光照强度的检查，并定期检查幼体的生长和摄食情况。

变态附着期的工作：幼体进入变态时，要及时投放附苗器，一般在 1/3 左右的幼体出现眼点时，便可投放附苗器。投附苗器时，要加大换水量，将池内培养水浓缩，充分搅动池水冲刷池壁，使幼体分布均匀后便可投放。投放时，先铺池底层，再挂池四壁，最后挂中间。附苗器投好后，停 1 ～ 2 小时再慢慢加满池水，1 ～ 2 天内便能有幼体附着。如果在池内培养时，加大换水量，增加投饵量，并适当提高光照强度，在池内培养 20 ～ 30 天后，苗壳就会长达 1 毫米以上，且池内环境已不能适应其生长需要，即可移到海上养殖。

（5）海上培育：贻贝幼苗从室内移到海上暂养保苗，由于生活环境发生了骤变，相当一部分的幼体已不能适应新的环境而脱落、移动，造成掉苗的情况很严重，风浪是造成掉苗的重要因素，同时强烈的光照也可能刺激稚贝的迁移和脱落。

具体保苗措施：

- 加强稚贝下海前的锻炼，幼苗出池前尽量使池水水温、相对密度接近自然海水的条件，并适当振动苗帘，增加稚贝的附着能力。
- 加强活水培养，附苗后改用流水培育，搅动海水促进足丝的分泌，增强稚贝附着力。
- 加大投饵量，促进稚贝生长，投饵量加大到附苗前的一倍以上。
- 增加光照，由于育苗池的光照较弱，一旦移入海水不能适应。骤然加强光照容易引起迁移和脱落，所以必须逐渐增加光照强度，使其接近海上的自然光强度。
- 下海时间要适宜，过早容易掉苗，过迟影响生长，一般从附苗后 20 ～ 30 天的时间里下海较好。

下海后提高保苗率的措施：

- 选择好暂养区，要求风浪小，水较清，水流通畅，杂藻浮泥及各种附着生物少，水质肥沃，水温变化幅度较小。
- 下海时如遇大风浪不宜下苗，以免造成脱落，同时在运输中防止干燥和强光照射，宜在早晚或阴天进行。暂养架子浮力不宜过大，应视以后的生长情况逐渐增加浮力。

挂帘形式：有的单帘卷成 "U" 形，或卷成筒状，或两帘并挂、平挂，以减少风浪冲击和降低脱苗率为原则。下海后约一周便可拆开单挂，挂帘水深以 2 ～ 2.5 米为宜，

以后视苗生长情况提升到 1 ~ 1.5 米。为了提高保苗率，可采用网目为 2 毫米左右的网袋将苗帘套起来，再挂到海上暂养，可以防御敌害和防止幼贝逃跑。

目前，嵊泗县贻贝养殖的苗种来源主要有两种途径：一是本地养殖海区中自然采苗，该技术于 1992 年开始试验，1993 年获得成功，到 2001 年推广面积达到 900 亩，产量 300 吨，2002 年面积达到 2 000 亩，可解决嵊泗县 40% 的苗种供应，品种为厚壳贻贝和紫贻贝。二是从北方装运紫贻贝苗种当地养殖，苗种来源一直依赖大连、烟台、威海等地，2001 年装运苗种 1 200 吨。

（6）养殖方法：

A. 选择养成场地

养成场应选在低潮线以下，水流畅通、水质肥沃、自然饵料丰富、风浪平静的浅海内湾。水深 5 ~ 20 米，泥沙底质，盐度 18 ~ 325（翡翠贻贝的盐度为 11 ~ 305）。海区水温 0 ~ 29℃，夏季不超过 29℃，冬季冰封期不宜太久。翡翠贻贝的适宜水温为 12 ~ 32℃。海区无污染（见图 5-10）。

图 5-10　嵊泗贻贝养殖场所

养成器材及其设置：我国目前养成主要采用浮筏吊养的方法。单筏包括筏身、桩缆、木桩、浮子、吊绳、养成器等部分（见图 5-11）。

图 5-11　贻贝苗绳

筏身每台长 50 ～ 65 米，用化学纤维做筏身，一般直径 10 毫米以上；桩缆长度是养殖海区满潮时水深的 2 倍；桩是木头的或水泥的，长 70 ～ 100 厘米，另一端钻一圆孔，打桩时斗芯插于其中；浮子可用玻璃球、塑料球、葫芦头等。一般每台筏子养成后期约需 40 ～ 60 个浮子；养成器，又称养成绳，选用结实、抗腐烂、抗虫蛀、成本低、来源广、不脱苗的材料，如将直径 1.2 厘米的红棕绳 3 ～ 4 根编成一根使用。聚乙烯绳、草绳、胶皮绳、木棒和木板等也可以。包苗用的网片和扎绳：包苗网片可用废旧的小网目网片，棉线网和化纤网，也可用聚乙烯专门编织的网片，包苗网片的长度比养成器长 30 ～ 50 厘米，宽度和网目视贻贝苗的大小而定，初期包苗可使用 30 厘米宽、1 厘米网目的网片，后期包苗可使用 40 厘米宽、1.5 ～ 2.5 厘米网目的网片。吊绳，一般用直径 5 毫米左右的聚乙烯绳，垂挂深度 1.5 ～ 2 米，为防止养成器旋转，可使用双股吊绳。由于贻贝的滤水量很大，筏子设置不宜太密，以免造成饵料不足或水质变坏。一般筏子区间距以 30 ～ 40 米，行间距以 6 ～ 8 米为宜，以 30 ～ 40 台筏子为一个区，区与区呈"田"字形或纵形排列，区间要留出宽敞的航道，同时还应考虑风和水流对设施的影响。如果风是主要破坏因素，则应考虑顺风下架；如果水流是主要因素，则应顺流下架。

图 5-12 包苗

图 5-13 采收的贻贝

分苗就是把附着在采苗器上的贻贝苗剥下来，按照养殖要求的密度均匀夹苗到养成器材上，然后放养入养殖海域。

分苗时间和密度：当贻贝苗体达到一定的长度，即可进行分苗。分苗不仅可以对贻贝苗进行一定程度的筛选，剔除部分坏苗，同时也是对贻贝苗的一定稀释。具体的操作时间，视不同的海区条件而定。黄海区多采用春苗（人工采苗或野生苗），所以分苗时间取决于春苗的个体大小，只要贝苗壳高达到 1.5 ～ 2 厘米时便可分苗。具体时间从 8 月中下旬开始，至 10 月末前结束。在此期间分苗进度要越快、越早越好。同时，黄

海区也会利用越冬苗，在每年的 4—5 月份进行分苗。渤海海区，要根据海区结冰和流冰情况而定：有大量结冰、流冰的海区，多采取移殖越冬苗绳的方法，即在 4 ～ 5 月份将已分好苗的越冬苗绳，从黄海区运回，直接挂到养殖筏上养殖；无大量结冰，流冰的渤海区则采取春、秋两季分苗的办法。江苏以南的海区多采用当地或北方的春节，所以分苗时间多在秋季。总的来说，嵊泗秋苗可在次年 6—8 月分苗；春苗在当年 8—10 月分苗。且在上述时间内，应尽量早分苗，以获高产。由于嵊泗位于东海，因此对于嵊泗的养殖户应有意避开部分华北贻贝和华南贻贝的分苗。

对于分苗的密度，一个长 4 ～ 5 厘米的贻贝需占用 1 ～ 1.5 平方厘米的附着面，因此，根据养成器的表面积可求出分苗数量。周长 10 厘米、净长 1 米的养成绳，可附着贻贝 600 ～ 1000 个。秋收的贻贝因个体大，占用的附着面积也大，每平方厘米表面积可按 0.4 ～ 0.6 个密度分苗。总之分苗密度以不影响贻贝生长和不引起脱落为原则，太密影响生长，太稀则影响单产。

分苗方法：分苗方法有包苗（见图 5-12）、拼绳分苗、缠绳分苗、夹苗分苗、流水分苗和网箱分苗等。目前主要采用的分苗方法是前四种。

包苗：用网片将贝苗包在养殖苗绳上，待贝苗附牢后，再将网片拆去。这种方法多采用在零散，不成片或块的苗种，且在包苗前应对贻贝苗进行处理，把互相附在一起的贝苗分开，洗去贝苗上的浮泥杂质。分苗需要将不同规格的苗分包，有利于生长和收获。包苗时每绳按规定密度缝合。缝合要松紧适宜，太松造成贝苗堆积，太紧贝苗不易附着。拆网时间视贝苗大小和水温等情况而定。小苗附着快，大苗附着慢；水温在 20 ～ 24℃时附苗较快，低温附苗慢。

缠绳分苗：从 7 月中旬到 8 月中旬，把苗绳缠到养成绳上，水温在 22 ～ 24℃条件下，2 天便可附在养成绳上。

拼绳分苗：根据贝苗具有的移动习性，将采苗绳和养成绳拼扎在一起，可达到分苗目的。一般 2 ～ 3 天后就可将采苗绳拆开，这时采苗绳和养成绳上都附有贝苗，即可用来养成。

夹苗分苗：也叫做"簇夹法"，即将采苗绳和筏身等处的贻贝苗成片或成块状的抓下来，再分成若干小片或块，每小片或块约 300 粒，然后，再按一定的距离夹到苗绳上。这样贝苗即会自动附在苗绳上，并随着个体的逐步长大做小范围的移动，不断调整贝苗之间的密度至布满整根苗绳，此时，还要人为地进行一次密度的调整，一方面要用手指去苗绳贝苗表面的小苗，另一方面要根据苗绳上的实际附苗量，多去，少补。

由于所购苗绳的扎节密度各有不同，因此需要对苗绳上的贝苗度进行适当调整，密度偏大的苗绳，可将贝苗均匀地抓下来，重新夹入新苗绳上养殖，或是补夹到密度偏小的苗绳上养殖，这样可以充分利用物资和海区，达到高产的目的。同时由于贻贝苗对温度变化较敏感，在气温 30 ~ 32℃时，贻贝苗离水 4 小时，再放入后很快附着；离水 8 小时后呈现麻痹状态，重新放入水中需经 2 天在 18 ~ 22.5℃的条件下，离水 24 小时后的死亡率为 2.4%；2 天后为 3.8%；3 天后为 76.9%；4 天后为 85%；5 天后为 100%。在气温 3.5 ~ 7℃中，离水 4 天时无死亡出现，8 天后则全部死亡。因此目前的贻贝苗的运输多在 8—9 月份进行，此时，气温达 20 ~ 30℃，运输时不宜离水时间过长，一般采用冷藏车干运，多在夜间运苗。贝苗运回后，先打开冷藏车的车门，将车内温度逐渐自然提升到自然气温，再进行分苗或下海暂养。

夹苗密度：在紫贻贝养殖初期，夹苗密度偏小，个体大，产量低。根据各地的经验，每米苗绳夹苗密度以 1 500 ~ 1 800 粒为宜，即每 15 ~ 20 厘米夹一簇苗，每簇苗 300 粒左右。一根 2.5 米长的苗绳可夹 12 ~ 15 簇，3 600 ~ 4 500 粒苗为宜。

挂苗水层：以苗绳最上端距水面的深度为标准，一般为 0.70 ~ 1.00 米，采用死浮（浮力直接绑在筏身上）养殖的，吊绳有效长度（除去吊绳与筏身、苗绳两端的结扣长度）为 0.70 ~ 1.00 米，采用活浮（浮力与筏身之间用两根有效长度为 0.40 ~ 0.60 米浮绠绳连接）养殖的，吊绳有效长度为 0.40 ~ 0.60 米。具体的台挂苗绳吊数一般为 180 ~ 200 吊。苗绳既可单挂，又可双挂，双挂可以立体，增加单台产量，降低成本，提高效益，双吊量视水深和海区生产力而定，一般可占台挂苗绳的 20% 左右。

B. 养成期的管理

（1）实行立体养殖贻贝海区水深 5 ~ 20 米，饵料上下都有分布，而贻贝养殖都集中在上部水层，饵料不能充分利用，为此，把贻贝的养成器挂得有深有浅，深浅配合，这样可充分利用饵料，并降低上层水层的养殖密度，起到稀疏作用。

（2）适时调节水层：贻贝的生长与水层深浅有密切关系，在高温和低温期下层长得好。春天，表层长得快。所以应根据贻贝的生长需要，适时调节养殖水层，促进生长，尤其当夏季水温升到 29℃以上时，贻贝易死亡，为此，夏季水温超过 29℃的海区，应进行避暑度夏，向深海区养殖，并降低养殖水层。

（3）贝藻饲养：实行贝藻间养互为有利，贻贝代谢产物为海带提供有机肥料增加海区的含氮量，贻贝排出的二氧化碳，给海带增加了光合作用的原料，同时贻贝摄食了与海带争肥的浮游植物。养殖海带对贻贝来说，改善了水质。海带光合作用排放的氧气，有利于贻贝呼吸，同时海带对贻贝起蔽荫作用，给海带施的肥料也是繁殖贻贝所需的食料。

贝藻间养有三种方式：区间间养、筏间间养、绳间间养。其中以区间间养管理最为方便，而绳间间养效果更为显著，但易互相缠绕磨损，管理不便。

（4）安全检查制度：风浪前后都要检查，及时排除不安全因素，经常检查浮子、木桩、绳是否安全。

（5）防冻：入冬前必须及时做好防冻措施，将筏子沉入低潮线以下 1～2 米处，用 15～20 千克的石块压筏子并适当除去此浮子。

（6）防沉：由于贻贝重量较大，绳重量在 20～25 千克以上，因而易发生吊绳折断，坠入海底，故平常要及时增加浮子，以防贻贝沉底被闷死。

（7）防脱落：如果贻贝密度过大，易脱落，这时需合理分苗。另外，大风大浪和淤泥也易使贝苗脱落，因此，要针对实际情况采取相对应的措施。

（8）除敌害：当筏子下沉特别是落到海底时，贝苗很容易被海星、海燕、章鱼等敌害吃光，因此，必须注意防沉，同时，防止海鞘、牡蛎等的危害。

日常管理及收获

日常管理：

（1）检查养殖筏架和苗绳的牢固状况，对拔桩、断绳等情况及时补救。

（2）监控附着载荷能力，以防贻贝下沉脱落造成损失。

（3）随时关注天象海况，及时采取保护措施，减少或避免大风浪和台风的侵袭带来的损害。

收获：翌年 7—9 月，紫贻贝育肥期，紫贻贝串单体颗粒壳长 5 厘米以上达到 95% 即可收获采摘；厚壳贻贝收获期则主要集中在 10 月至翌年 1 月，待壳长大于 9 厘米的单体颗粒达到 95% 以上即可采摘。

养殖基本情况

养殖品种

贻贝作为一种软体动物门贻贝科动物，在我国沿海有 30 多种，其中经济价值较大的约有十几种。而目前已经人工养殖的主要贻贝又分为紫贻贝、厚壳贻贝、翡翠贻贝（见图 5-14）。但是由于特殊的气候条件，嵊泗养殖的贻贝品种有两类，分别是紫贻贝和厚壳贻贝，翡翠贻贝仅作为试养品种。嵊泗养殖紫贻贝已有 40 多年的历史，厚壳贻贝实现规模化养殖则是从 2008 年厚壳贻贝育苗技术难题的成功攻克后开始的。紫贻贝虽然是从北方引进的品种，但得益于嵊泗得天独厚的气候和海洋水环境，因此与其他地方所产的紫贻贝相比，嵊泗的紫贻贝从品相和品质上都更胜一筹。而厚壳贻贝为嵊泗的优质品种，个体较大，得肉率较高。由于紫贻贝和厚壳贻贝二者在形态、大小、品质特性等方面存在明显差异（表 5-1），因此各自的销售市场、加工方式、经济价值也不尽相同，两种贻贝的价值相差两到三倍。厚壳贻贝经济价值较高，近年来嵊泗贻贝养殖的重心逐渐转向厚壳贻贝,厚壳贻贝养殖的比重呈不断增长的趋势。据统计,截止到2014年,全县贻贝养殖面积约2.2万亩,产量约8.3万吨,实现产值1.8亿元,其中,紫贻贝养殖面积1.50万亩,产量6.20万吨,实现产值6 300万元。厚壳贻贝养殖面积超过0.60万亩,产量2万吨,产值1.1亿元。厚壳贻贝养殖面积、产量、产值分别比2011年增长7.4倍、1.5倍、1.9倍(表5-2)。

图5-14　紫贻贝与厚壳贻贝对比图

表5-1　紫贻贝和厚壳贻贝各项指标对比表

指标		紫贻贝	厚壳贻贝
外部形态	壳色	外壳呈褐色或紫褐色,具光泽,生长纹细而明显,壳内面灰白色	外壳呈褐棕色,生长纹明显,壳内面呈蓝色,珍珠层光亮
	壳顶	圆钝	尖锐,近30°角
	壳长/(壳高)	<2	≤2
	长度	5~7厘米/颗	9~12厘米/颗
规格	重量	60~100颗/千克	30~50颗/千克
收割期		7~9月	10月~翌年1月冻半颗贻贝
主要加工产品		冻颗粒贻贝、干贝	全壳贻贝、贻贝肉
鲜品收购价(元)		0.55~0.65	3.2~3.8

表5-2　嵊泗县紫贻贝和厚壳贻贝产量和价格情况表

年份	紫贻贝		厚壳贻贝	
	产量(吨)	收购价(元)	产量(吨)	收购价(元)
2011	39 581	0.5	800	2.0~2.2
2012	51 356	0.55	18 288	2.4~2.6
2013	56 572	0.55~0.6	18 861	2.8~3.2

数据来源:嵊泗县经济和信息化局

养殖方式

目前嵊泗贻贝养殖并不全部是单一的贻贝养殖，部分也有贝藻的套养或混养，主要是贝藻混养和单一贻贝养殖，贝藻混养是一种实行一个海区两种品种，一副台架两种作用，既有省料、省工之便，而在操作方法上又能充分利用养殖水体，提高产量和产品的质量，提高经济效益的先进养殖作业方式。自 1957 年至 1974 年间，嵊泗的海水养殖一直处于单一海带养殖的状况，后因海带滞销，养殖渔民收入下降，为改变这一情况，于 1979 年引进贻贝养殖技术。1981 年 10 月开始，嵊泗县水产局组织技术人员在小沙头养殖区，15 台养殖架上，进行了海带贻贝混养实验，具体的方法就是海带采用平挂养殖，每台 50 条苗绳，每条绳长 4 米，贻贝采用垂吊挂养，每台也是 50 条苗绳，每条苗绳长 1.2 米，小有成果。嵊泗水产局趁热打铁又扩大试验，从 1980 年开始，贻贝淡菜与海带混合放养，属于立体利用水体，经过 3 年实践已经获得初步成功。具体就是在同一养殖浮架上横向位置每隔 50 厘米挂一串淡菜，纵向位置每隔 71 厘米挂一串海带。直到 1983 年，全县范围内才推广了贝藻混养的成功经验。这种贝藻混养的新养殖方式，不但可以节省劳力，同时由于贻贝系海洋动物，食浮游藻类，排出二氧化碳，溶于水后，可促进海水无机物的繁殖，而海带是海洋植物，在其生长过程中，正需要吸收二氧化碳，排出的氧同时又促进了浮游藻类的生长，为淡菜提供更多的饵料，这样相互促进，互为因果，既改善了生态环境，又提高了水域生产力，一般比单养分别增产 5.8% ~ 20%。该队混养面积已由 1980 年的 15 台扩到 1982 年的 450 台，以作进一步观察、试验。目前嵊泗创建了碳汇渔业示范基地、贝藻套养基地，开展大型海藻场建设项目，将嵊泗枸杞后头湾 1000 亩的贻贝养殖区改造成了大型海藻场，通过移植海带、龙须菜等大型海藻，达到有效修复海洋生态环境的目的，形成鱼、虾、贝、藻等种类生态养殖新格局，2015 年农业部批准成立国家级海洋牧场示范区。

养殖户模式

目前嵊泗贻贝养殖主要采取"养殖专业合作社＋养殖户"的模式实行贻贝的统一养、销，养殖户自愿入股，合作社明确各方相关权利和义务。养殖社的主要业务和职责范围如下：第一，贻贝的养殖和保苗；第二，组织采购，为成员供应养殖物资、苗种等生产资料；第三，组织收购和销售成员的产品；第四，开展提供成员所需的运输、贮藏、包装等服务；第五，介绍引进新技术、新品种，提供技术培训、技术交流和咨询等服务。近年来嵊泗县贻贝养殖合作社数量增长速度较快，尤其是《农民专业合作社法》颁布实施以来，渔民办社入社的积极性很高。据统计，2012 年，全县共有贻贝养殖户786 户，合作社总数达 28 个，入社成员达 312 个（户），与 2011 年相比，合作社数量增长 87%，到 2014 年，全县养殖户已达到 1 000 余户，合作社数量达 30 多家（见图 5-15）。合作社发展方兴未艾，部分专业合作社以养殖贻贝为主的同时，也开始养殖少量鲍鱼、海参等精致水产品种；合作社的业务从养殖拓展到了加工、销售等。

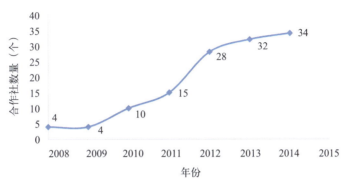

图 5-15 嵊泗贻贝专业养殖合作社数量发展情况
数据来源：嵊泗县海洋渔业局

养殖分布

嵊泗县贻贝的养殖主要分布在嵊山海区、枸杞海区、花鸟海区、绿华海区等海区，嵊山海区贻贝养殖始于 1990 年，当年放养亩数为 12.2 亩，到 2001 年放养亩数达到 1 390 亩，产量 4 040 吨，自然海区附苗面积 800 亩，产苗 247.5 吨。枸杞海区，贻贝养殖始于 1973 年，当年放养亩数为 1.3 亩，是全县第一个北苗南养试验乡，到 2001 年放养亩数达到 4 149 亩，产量达到 15 222 吨。绿华海区，贻贝养殖始于 1990 年，当年放养亩数为 1.3 亩，到 2001 年放养亩数达到 640 亩，产量 500 吨。花鸟海区贻贝养殖始于 1992 年，当年放养亩数为 5.75 亩，到 2001 年放养亩数达到 183 亩，产量 413 吨。这些海区一方面为长江、钱塘江径流所控制；另一方面又受北方南下的黄海水团、台湾暖流交汇影响，大陆径流和长江口的"从生流"给海区带来了大量的营养物质，而且养殖区域大多数水深在 12 米以上，最深达 30 米，海域基底为细沙及淤泥层，海水透明度高，均达 3 米以上，目前大陆江河污染还没有影响波及到该海域，水域生态环境良好。同时，由于这些海区地处亚热带海洋季风区，四季分明，温和湿润，气温差异不大，历年平均气温在 15 ～ 17℃之间，极端高温 36.7℃，极端低温 -7℃，冬无严寒，夏无酷暑。海区表层水温年平均 17℃左右，1 月份最低水温为 8 ～ 11℃，8—9 月份最高水温为 24 ～ 26℃，常年水温在 15℃以上的时间达 226 天，同时海域的海水盐度因大陆径流和外海高盐水系影响，不仅海区水质澄清，透明度大，而且盐度也相应较高，年平均在 29.37。具体有以下 7 个乡镇，包括菜园、嵊山镇、洋山镇、五龙乡、黄龙乡、枸杞乡、花鸟乡。其中，枸杞乡的贻贝养殖面积和产量居首（见图 5-16），嵊山次之。

2001年枸杞乡被浙江省海洋与渔业局命名为"贻贝之乡"，2003年嵊泗县被评为省级万亩贻贝产业化示范园区。2005年全县贻贝养殖面积已达到16 365亩，产量为48 808吨。2010年8月26日，经过国内权威专家和相关部门领导的考察、评审，嵊泗县被授予"中国贻贝之乡"金匾。

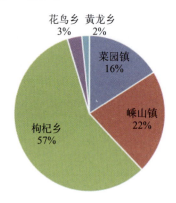

图5-16 嵊泗县贻贝养殖面积分布情况

三、嵊泗县贻贝加工生产现状

1. 加工企业概况

据不完全统计，目前嵊泗县贻贝加工企业共有50多家，其中规模较大的贻贝加工企业7家（表5-3）。据嵊泗县经济和信息化局提供的数据显示，目前全县拥有规格不等的自动化加工生产线12条，贻贝加工蒸煮生产线共有16条，单冻生产线共8条，脱壳生产线共8条。近年来加工生产自动化程度不断提高，尤其是贻贝脱壳机的出现，极大地提高了贻贝加工的效率。2009年嵊泗县华利水产有限责任公司与大连一家机械设备生产厂合作，经过两年多的研发，成功开发出第一台全自动贻贝脱壳机器。2011年，全自动贻贝脱壳生产线开始正式投入使用，这条生产线每小时可以加工贻贝原料1.6吨左右，日生产能力达20吨，而一名贻贝剥壳工人每天可以剥壳50千克，一条贻贝脱壳生产线约抵400个工人，如此测算下来企业一年可以节约180万元的人工成本。全自动贻贝脱壳生产线的成功开发响应了"机器换人"的呼吁，不仅提高了企业的加工能力和生产效率，而且大大节约了生产成本，提高了企业的利润。当前该县贻贝加工生产设备主要有紫贻贝滚动清洗机、厚壳贻贝滑动清洗机、贻贝自动蒸煮脱壳一体机、锅炉、快速单冻机和配电设施等。嵊泗贻贝20世纪末以前，一直以鲜销为主，渔民们将收割好的贻贝进行简单的清洗后运送到各地鲜销。直到2001年，浙江嵊泗华利水产有限责任公司的董事长於定华成为第一个"吃螃蟹的人"，他联合浙江海洋学院、浙江工商大学、上海水产大学、浙江大学等高校作为技术依托，自主开发生产了一系列速冻贻贝产品，并不断扩大生产规模，嵊泗贻贝加工业由此开始兴起，开始走上深加工的道路，贻贝的附加值提高了，身价也翻了倍。

表 5-3　嵊泗县主要规上贻贝加工企业情况

企业名称	注册时间	固定资产值/万元	冻结吨/日	冷藏吨/次	制冰吨/日	贮冰吨/次	主要产品
华利水产有限责任公司	1995	2 000	40	1 400	50	500	速冻半壳贻贝、颗粒贻贝、全壳贻贝
祥远水产有限公司	1997	1 094	55	1 200	40	500	冻黄鱼、冻鲳鱼、冻虾仁、单冻贻贝肉
顺达海鲜食品有限公司	2002	1 051	40	800	50	600	鱼粉、烤香鱼、卤汁贻贝、冻煮贻贝肉
凯利水产有限公司	2005	860	30	300	20	300	冻安康鱼、冻章鱼、冻贻贝肉、贻贝干
东升水产冷冻厂	1990	642	20	200	10	200	冷冻虾仁、冷冻贻贝肉、冻梭子蟹

数据来源：嵊泗县经济和信息化局

目前嵊泗贻贝产品按加工技术可以分为两类：传统技术加工类和现代技术加工类。传统技术类的贻贝产品主要为干品，又包括颗粒贻贝干品和蝴蝶状贻贝干品。颗粒贻贝干是由贻贝鲜品清洗后经过蒸煮最后晒干而成的，按颗粒从大到小又可分为贡淡、元淡、子淡。蝴蝶干则是将采集的厚壳贻贝洗净后去壳除毛，无须蒸煮，用刀将贻贝肉从中间脊背线处切成两片，背部贝肉仍相连，呈蝴蝶展翅状，晒干后即成。干品贻贝既可以大规模地由企业加工制成，也可以由养殖户自行晒干制成；现代技术加工类的贻贝主要有三种，分别是冻煮颗粒贻贝、冻煮半壳贻贝和冻煮全壳贻贝。这三种贻贝的加工均需先将鲜贻贝清洗后进行蒸煮除毛，两片贝壳取掉只剩贻贝肉的可制成颗粒贻贝，取一片贝壳的可制成半壳贻贝，两片贝壳均保留的则加工成全壳贻贝。这三类贻贝加工产品都需要用到现代技术加工设备才能制成。除以上几种主要的贻贝加工产品外，嵊泗贻贝加工企业也曾尝试开发和生产贻贝真空包装休闲小食品、以贻贝蒸煮液为原料制成的调味品等，但是数量极少，也未曾进行规模化生产和市场开拓。

图 5-17 为部分贻贝加工流程图。

（1）鲜贻贝加工流程：贻贝采摘→壳体清洗→上市销售

（2）速冻贻贝加工流程：贻贝采摘→壳体清洗→蒸煮开壳→取肉、去足丝→肉体清洗、沥水→单冻→包

冰衣→包装→冷藏

（3）贻贝干品加工流程：贻贝采摘→壳体清洗→蒸煮开壳→取肉、去足丝→肉体清洗、沥水→干燥→包装→冷藏

晒贻贝

单冻机单冻

人工剥壳

图 5-17　部分贻贝加工流程图

表 5-4　嵊泗贻贝加工品质量标准①——感官和规格标准

分类			指标	
			感官品质标准	规格方案
厚壳贻贝	鲜品		外壳表面呈棕褐色，生长纹明显，壳内呈蓝色，有珍珠光泽，肉质体型饱满，色泽诱人，呈橙黄，洁白或杏红，口感紧密厚实，具有嚼劲	长度：9～12厘米/个　重量：30～50 pcs/千克
	冻品	单壳贻贝	有完整的单壳，冰衣良好无干耗，单洞个体间应容易分离，肉质紧密，水煮后有弹性，不松散	长度：9～12 cm/pc　重量：20～30 pcs/kg
		全壳贻贝	有完整的全壳并闭合，冰衣良好无干耗，单洞个体间应容易分离，肉质紧密，水煮后有弹性，不松散	长度：9～12 cm/pc　重量：20～30 pcs/kg
		冻煮厚壳贻贝肉	冰衣良好无干耗，单洞个体间应容易分离，肉质紧密，水煮后有弹性，不松散	长度：9～12 cm/pc　重量：20～30 pcs/kg
紫贻贝	鲜品		壳面呈黑色或紫褐色，具光泽，生长纹细而明显，其足丝细软，肉质以洁白，杏黄居多，口感细密滑嫩，色泽明亮，体型饱满	长度：5～7 cm/pc　重量：60～100 pcs/kg
	冻品（颗粒贻贝）		冰衣良好无干耗，具有冻品特殊光泽，肉质紧密，水煮后口感滑嫩，弹性十足	长度：2.5～4 cm/pc　重量：100～300 pcs/kg
	干品		肉质呈橘色或褐红色，体型饱满，肉质极紧密，极具嚼劲	长度：1.5～73 cm/pc　重量：300～800 pcs/kg

数据来源：嵊泗贻贝行业协会

表 5-5 嵊泗贻贝加工品质量标准②——营养标准

项目	标准
蛋白质	≥75克/100克
脂肪	≤2.2克/100克
氨基酸	≥10克/100克
DHA（以脂肪计）	≥15%
EPA（以脂肪计）	≥10%

数据来源：嵊泗贻贝行业协会

表 5-6 嵊泗贻贝加工质量标准③——卫生安全标准

项目	标准
麻痹性贝类毒素	≤80微克/100克
腹泻型贝类毒素	≤16微克/100克
沙门氏菌类	阴性
霍乱弧菌	阴性
副溶血性弧菌	阴性
细菌总数	≤100.000克
重金属残留（无机砷）	≤0.50微克/100克
重金属残留（汞）	≤0.250微克/100克
重金属残留（镉）	≤0.10微克/100克
重金属残留（铅）	≤1.0微克/100克
重金属残留（铬）	≤2.0微克/100克

数据来源：嵊泗贻贝行业协会

2. 品牌和认证情况

目前嵊泗县贻贝行业共有 4 只省级名牌，3 只浙江著名商标（见图 5-18）；通过 HACCP 认证的企业 3 家，获得出口食品卫生注册的企业有 7 家，通过标准化良好行为确认的企业 3 家，通过计量检测能力确认的企业 5 家，通过 ISO 9000 质量管理体系认证的企业 4 家，获得食品生产许可证的企业 7 家，12 家企业有出厂检验能力；有 3 家

图5-18　部分获奖和认证情况

省级专利示范企业，1家市级专利示范企业，省级新产品2只；嵊泗华利水产有限责任公司开发生产的"东珠牌"贻贝产品多次在省渔业、农业博览会上荣获金奖，产品荣获过浙江省知名商号、浙江省名牌产品、浙江省著名商标、有机食品、绿色农产品、优质无公害产品等荣誉；嵊泗县顺达海鲜食品有限公司生产的"浪岗"牌贻贝冻品也多次荣获浙江省名牌产品、舟山名牌产品等荣誉。

3. 加工生产现状分析

贻贝的加工生产改变了传统的鲜销模式，过去的十多年间，嵊泗县出现了一批加工企业，它们引进新技术、新设备，制定和执行严格的加工生产标准，开发生产不同的贻贝加工产品，大大提升了贻贝的经济价值，开拓了贻贝市场。企业在创收的同时也帮助解决了部分就业，增加了渔民收入，带动了嵊泗经济的发展。

目前嵊泗县贻贝的加工品种主要有冻煮颗粒贻贝、冻煮半壳贻贝和干品三种，据嵊泗县统计局调查数据显示，嵊泗县冻煮产品产量占贻贝总产量的一半以上，而干品只占紫贻贝总产量的四成左右（见图5-19）。鲜贻贝加工成半壳贻贝、颗粒贻贝、干品的比例分别约为3∶1、5∶1、15∶1。

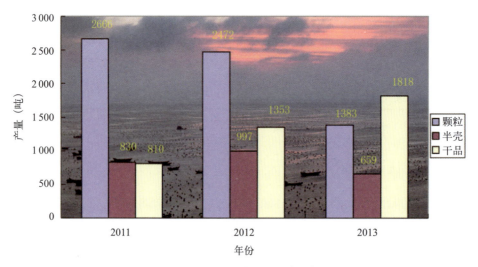

图5-19　嵊泗县贻贝加工情况数据

2011—2013 年，嵊泗县颗粒贻贝加工产量从 2666 吨下降到了 1383 吨，据调查，颗粒贻贝出现大幅减产主要是受到了山东方面冲击，山东颗粒贻贝产量大，价格低，2011 年上市后对嵊泗县颗粒贻贝的出口市场造成了严重的冲击，企业颗粒贻贝产品库存积压严重。半壳贻贝方面，2011、2012、2013 年半壳贻贝加工产量分别为 830 吨、997 吨、659 吨，加工生产量趋于稳定，主要因为厚壳贻贝仍然是嵊泗当地的优势品种，因此免受外部市场冲击。干品贻贝方面，2011—2013 年，干品贻贝加工量从 810 吨增加到 1818 吨，产量增长幅度较大，但是据调查，2013 年贻贝干品市场呈饱和状态，干品个体加工户压价抢市场，因此贻贝干品售价下降，利润也随之下降。2016 年贻贝加工量达 1500 吨。

四、嵊泗县贻贝市场现状

1. 主要销售模式

嵊泗县贻贝的销售模式主要为："公司＋合作社＋养殖户"和"合作社＋养殖户"。"公司＋合作社＋养殖户"具体销售模式为公司通过专业合作社统一收购养殖户的贻贝，然后进行加工销售。"合作社＋养殖户"模式为：合作社统一收购养殖户的贻贝，运到水产交易市场销售或自行加工生产。也有少部分养殖户自己寻找市场，或卖给福建、广东等外地来当地收购贻贝作为加工原料的客商。

2. 鲜销市场

由于受到地域和季节等因素的制约，嵊泗县贻贝的鲜销市场仅限国内，而且主要集中在舟山、宁波、杭州、上海等周边地区。2011—2014 年，紫贻贝鲜销量逐年稳步提高，2011 年紫贻贝的鲜销量 0.46 万吨（见图 5-20），2014 年增长到 0.61 万吨，增长率达 32.6%，紫贻贝的鲜销价格则总体平稳；厚壳贻贝 2011—2014 年鲜销量也呈逐年上涨趋势，2011 年鲜销量 0.44 万吨左右，2014 年鲜销量达 1.11 万吨，增长率达 36.5%，厚壳贻贝 2012 年和 2013 年销量涨幅明显（见图 5-21），2012 年和 2014 年价格涨幅明显。据调查，2012 年厚壳贻贝鲜销量和价格增长较快的原因在于当年在当地政府的干预和正确引导下，各合作社和养殖户团结一致，通过统一贻贝收购价，共同积极开发市场等方式齐心协力联合起来抵抗县外贻贝市场竞争，取得了良好的效果。2014 年，厚壳贻贝销量和价格的上涨主要归因于福建等地大量从嵊泗购入厚壳贻贝用作加工冻品厚壳贻贝的原料。

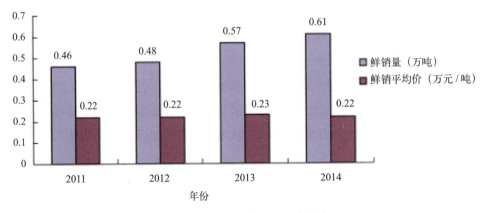

图 5-20 嵊泗紫贻贝鲜销量及价格情况

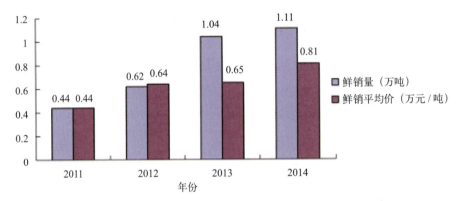

图 5-21 嵊泗厚壳贻贝鲜销量及价格情况图（2011—2014 年）

3. 加工品市场

与鲜销市场不同，嵊泗县贻贝加工产品跨越了地域的限制，不仅在国内上海、广东、福建等地销售，而且远销世界 20 多个国家和地区。鲜销市场，产品主要销往舟山、宁波、温州、台州、杭州等地区。冻品市场，产品以出口为主，主要远销欧美、日本等地区。而干品市场，以沈家门为中转，销往全国各省市。

国内市场

近几年贻贝干品产量逐年平稳上升，全部销往国内市场；半壳贻贝产量也呈稳定增长趋势，国内外市场销量基本持平。颗粒贻贝市场则出现较大波动，2011—2014年由于受到山东颗粒贻贝挤占国外出口市场影响，因此造成嵊泗颗粒贻贝库存积压（表 5-7），产量大幅下降。从表中可知 2012 年国内市场颗粒贻贝销售量比 2011 年增长约 40 倍，2013 年颗粒贻贝销量比上年增长 9.6%，可以看出 2011 年以后颗粒贻贝市场开始把重心转移到国内市场，这也是市场竞争激烈，国外市场不看好的缘故，据调查，国内颗粒贻贝的销路主要是作为海鲜配菜在国内配菜市场争得一席之位。

表5-7　2011—2013年贻贝加工销售情况

单位：吨

年份	颗粒贻贝			半壳贻贝			干品		
	加工总量	内销	出口	加工总量	内销	出口	加工总量	内销	出口
2011	2 666	27	1 259	830	325	505	810	810	0
2012	2 472	1 143	1 266	997	508	489	1 353	1 353	0
2013	1 383	1 253	1 190	1 024	349	675	1 818	1 818	0

数据来源：嵊泗县经济和信息化局

国际市场

嵊泗贻贝在国际市场上畅销多年，主要出口产品为冻煮半壳贻贝和冻煮颗粒贻贝，从2015年开始，出口贻贝产品新增了冻煮全壳贻贝。嵊泗贻贝产品出口地有韩国、南非、古巴、突尼斯、俄罗斯、乌克兰、香港、台湾、文莱、马来西亚、泰国、多米尼加共和国等20多个国家和地区（见图5-22），其中俄罗斯、韩国、南非、台湾等为主要的出口地。

图5-22　"嵊泗贻贝"全球市场销售网络

2011—2016年，贻贝出口量分别为1 246吨、1 264吨、1 292吨、864吨、579吨、1 378吨，在2011—2014年呈下降趋势，2014年到2016年有回缓并呈良好增长。主要出口国家也极不稳定，2012年韩国为出口量第一的国家（见图5-24），出口量达507吨，实现出口额94万美元，到2013年，出口量下降到238吨，同比下降了53.1%，出口

额下降到 44 万美元，同比下降 56.4%，居第三；2014 年，韩国出口量继续下跌至 133
吨。2013 年起，俄罗斯成为主要出口国，2013—2014 年，出口量分别为 511 吨、457
吨；台湾也是嵊泗贻贝的主要出口地区，2013—2014 年分别实现出口量 266 吨、206 吨。
国际市场风云变幻，嵊泗贻贝的出口也起伏不定，贻贝国际市场主要受两个因素的影响。
一方面，国际经济形势是影响出口的重要因素，例如 2014 年俄罗斯出口量大幅下降就
是受到了卢布贬值的影响。反之，得益于人民币汇率的稳定，2013 年嵊泗县贻贝出口
量实现 1292 吨，出口量达近四年最高值（见图 5-23）。另一方面，市场竞争是影响出
口的另一关键因素，2014 年由于受到福建方面对台湾市场的抢占，因此，嵊泗县贻贝
出口台湾受阻，2014 年出口量同比下降 22.6%，出口额同比下降 5.2%；据浙江嵊泗检
验检疫局数据，2015 年贻贝出口同比下降共计 53 批次、重量 579 吨、货值 207.9 万美
元。其中出口北美市场 25 批次，重量 402.64 吨、货值 78.04 万美元，同比分别增长了
47.06%、110.86% 和 23.7%。在贻贝传统出口市场份额下滑的严峻形式下，嵊泗贻贝出
口北美实现逆市增长，2015 年嵊泗贻贝出口面临的主要两个阻力，一是传统出口市场
的持续疲软；二是山东、福建贻贝大量参与市场竞争且价格较低，对嵊泗贻贝出口造成
很大的影响，导致贻贝出口量下滑严重；2016 年共计出口 1378 吨，货值 391.8 万美元，
同比分别上升了 92.13%、52.44%，出口量接近翻番，成为嵊泗出口水产品增长"主引擎"，
这巨大的转折主要归功于嵊泗贻贝成为国家地理标志产品和"一带一路"的良好契机，
值得一提的是嵊泗贻贝继出口文莱、印度、俄罗斯、泰国、阿联酋、乌克兰等国家之后，
首次出口新加坡、哈萨克斯坦等国，并在时隔 12 年后重返澳大利亚市场，相关国家出
口量及货值同比分别增加了 8.45 倍和 8.52 倍。

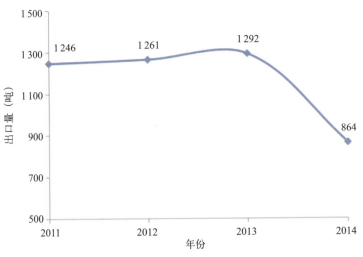

图 5-23　嵊泗贻贝出口情况（2011—2014 年）

数据来源：嵊泗县统计局

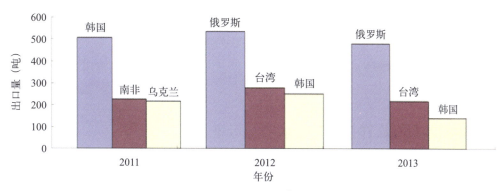

图 5-24　嵊泗贻贝出口量前三名出口地分布

五、嵊泗贻贝独具特色

1. 嵊泗贻贝个大，出肉率高

嵊泗贻贝产品主要为厚壳贻贝和紫贻贝，还有部分翡翠贻贝。其中厚壳贻贝为嵊泗特有的野生贻贝育苗而成（见图 5-25），是嵊泗优质的品种，个头较大，单个平均重 15～20 厘米，长 9～12 厘米，肉质呈洁白或橘红色，体型饱满，肉质厚实，有嚼劲。紫贻贝虽然为北方引进品种，但由于嵊泗优质的海水环境，经过多年采苗厂的选择，较其他地方出产的紫贻贝，肉质呈洁白和杏黄色，颗粒较大，肉质鲜嫩肥厚。

图 5-25　嵊泗出产的厚壳贻贝

2. 嵊泗贻贝鲜嫩，营养丰富

经过鉴定，嵊泗贻贝产品中含有 8 种人体不能合成的必要氨基酸，其中婴幼儿

发育必不可少的赖氨酸、异亮氨酸和苏氨酸等,均超过了全脂奶粉的含量。除此之外,经过鉴定,嵊泗贻贝肉中不饱和脂肪酸的含量较为丰富,其中二十二碳六烯酸(DHA)和二十五碳五烯酸(EPA)分别占 23.6% 和 15.4%,相较其他产地的贻贝,营养价值更高。

3. 嵊泗贻贝在海洋自然环境放养无污染

嵊泗贻贝养殖均为纯天然深水放养,不投药,不投人工饵料,全自然生长,根据抽样检测结果,各项卫生指标良好。

4. 嵊泗贻贝加工产品多样,适合不同人群

为促进贻贝产业发展,各级政府和相关部门十分重视嵊泗贻贝的产品开发,引导生产、销售、加工与科研的有机结合。目前除了鲜销贻贝、贻贝干、卤制贻贝和冻贻贝产品外,还相继开发了休闲、超市保鲜型的贻贝,同时积极研究加工废弃物资源化综合利用技术,促进贻贝产业的发展。

5. 嵊泗贻贝的品牌效应

品牌效应是指由品牌为企业带来效应,是商业社会中企业价值的延续,在当前品牌先导商业模式中,意味着商品定位、经营模式、消费族群和利润回报。树立企业品牌需要企业有很强的资源统合能力,将企业本质的一面通过品牌展示给世人。

2002 年被评为浙江省优质无公害产品,2003 年浙江博览会上被评为优质产品金奖,2007 年被认证为有机产品,2008 年被农业部农产品质量安全中心认定为无公害产品。嵊泗的"东珠"牌贻贝和"浪岗"牌贻贝均被认定为浙江名牌产品。嵊泗贻贝产区也被国家评为一类贝类生产自然海域,该海域中生长的贝类可以直接上市并可供生食。目前嵊泗贻贝放养海域已经被认定为无公害农产品产地,嵊泗贻贝产业也已经成为当地的支柱产业和渔民增收的重要来源之一。

第六章
嵊泗县贻贝产业
发展优势

一、历史文化优势

嵊泗的悠久历史可以追溯到新石器时代，那时已有先民在岛上居住劳作，在现在的嵊泗县基湖村依然完整地保存着先民们曾使用过的石斧、石锛、陶片、鹿角等劳动工具。到了春秋战国时期，嵊泗已是一派舟楫飞舞、人鱼齐乐的繁盛景象，由此嵊泗开始成为一方海上热土和渔业发祥地。嵊泗渔业自古发达，"碧海奇礁、金沙渔火"，这里海洋水产资源丰富，盛产各种鱼虾蟹贝。到明朝时，嵊泗已是我国重要的渔区，每年冬汛时节，出海渔船数以万计，桅樯如林，鱼市兴隆。后来渔场东移形成著名的嵊山渔场，四季均可捕鱼，因此亦有"天然的海上鱼库"之美称。

嵊泗贻贝具有远古而悠久的历史和丰富的人文内涵，早在上古时期，先民们就开始在海边捞虾、捕鱼，在礁石上采摘野生贻贝用来食用和交易，直到现在当地依然流传着许多关于贻贝的传说。到唐朝时，当地官府将由嵊泗贻贝晒制而成的贻贝干进贡给朝廷，因此，嵊泗贻贝干史称"贡干"，久销不衰；明朝时，嵊山、壁下山等多地开始大规模进行采摘贻贝的活动，据明代著名的抗倭儒将郑若曾所著《酬海图编》之"御海洋"一节中所述"曾尝亲至海上而知之，向来定海、奉象一带，贫民以海为生，荡小舟至陈钱、下巴山取壳肉、紫菜者，不啻万计"，描述的就是采摘贻贝的盛况，可见当时贻贝采摘活动已颇具规模。嵊泗贻贝由来已久，因其上乘的品质和口感流芳百世，享誉古今，具有深厚的历史人文底蕴，见证了千百年来嵊泗渔业的发展，这为新时代背景下嵊泗贻贝产业的发展奠定了良好的基础。1935年嵊泗县产贻贝制品100吨，1958年当地渔民徐金福对野生贻贝（厚壳贻贝）作移植试验并获成功，开始了贻贝放养的第一步，为此，徐金福被授予全国农业社会主义建设积极分子的荣誉称号；枸杞乡也被授予全国社会主义建设先进单位称号，并获得了由周恩来总理亲自签发的国务院表彰奖励，从此嵊泗逐渐有了"贻贝之乡"的称呼，嵊泗贻贝的名字也逐渐为越来越多的人所熟悉。

值得一提的是，嵊泗是"一带一路"中古老海上丝绸之路（图6-1）的重要一点，在成书于明天启元年（1621年）茅元仪所著《武备志》中，《自宝船厂开船从龙江关出水直抵外国诸番图》，亦即《郑和航海图》中，载述郑和第一次出使远航，宝船船队自龙江关出水，沿长江东航经皇城即时国都南京城、钟山、瓜洲、金山、镇江，后又经江阴抵太仓刘家港，与另一支船队汇合，驶出吴淞口、崇明州，经海上茶山（今佘山）、大戢洋和陈钱山、花鸟山等嵊泗诸山岛礁屿，还驶过昌国所（即今舟山岛）、普陀山。而经佘山航行抵舟山岛与普陀山岛，还必须经过诸如绿华山、泗礁山、衢山、岱山、秀山等大小岛屿。曾跟随郑和参与第四、第六、第七次出使航海的浙江会稽（今绍兴）人马欢，在其所著《瀛涯胜览》"纪行诗"中，有这样四句诗："鲸舟吼浪泛沧溟，远涉洪涛渺无极，洪涛浩浩涌琼波，群山隐隐浮青螺"，即包含对位处东海外海嵊泗山海奇观的描述。此外郑和在嵊泗洋山隔海相望的宝山创立了中国第一座航海灯塔。可见郑和率船队七次出使下西洋远航，与嵊泗—舟山众多岛屿、海域结下不解之缘。

图 6-1　海上丝绸之路图画

二、自然优势

1. 地理环境条件与港口优势

嵊泗县陆域面积 86 平方千米，占总面积的 0.97%，海域面积 8738 平方千米，占总面积的 99.03%，海域面积十分辽阔，故此地一直有"一分岛礁九九海"之称。这样独特的地理地貌成就了嵊泗碧波万顷的"海上牧场"，为贻贝实现大规模养殖提供了条件。同时嵊泗县港口资源十分丰富，全县共有大小岛礁 404 个，构成了大洋、小洋岛群、泗礁、黄龙岛群、绿华、花鸟岛群、嵊山、枸杞岛群，岛群之间互为屏障，各自环抱，自然形成了大小洋山、泗礁黄龙、绿华花鸟、嵊山枸杞的四个深水港域，海陆域面积达 8824 平方千米，水域宽阔、航道顺畅、冲淤平衡，水深在 -10 ～ -20 米以上岸段、港湾众多，据不完全统计可利用深水岸线约 55 千米，目前用作港口建设的深水岸线约 10 千米。

2. 优越的水文气象条件

嵊泗位于东经 121°30′—123°25′，北纬 30°24′—31°04′ 之间，属北亚热带南缘海洋性季风气候，受冷暖气流和季风的影响，夏无酷暑，冬无严寒，温度适宜，四季分明。年均气温 16.3℃（表 6-1），气温日较差和年较差小，一年中气温低于 0℃ 的天数约 2 天，最冷月平均气温 5.6℃，比同纬度沿海地区温度高出 3.0℃，最热月平均气温 26.8℃，低于同纬度内陆地区；嵊泗县境内日照充足，年均日照时数达 2074.1 小时，属浙江省高值区；年均降水量 973.3 毫米，空气相对湿度大，年平均相对湿度 79%，降水期较集中于春、夏，年无霜期在 300 天以上。这种光照充足，温暖湿润的气候，有利于贻贝的生长繁殖。

表 6-1　嵊泗主要气象因素

年份	主要气象因素				
	平均气温（℃）	最高气温（℃）	最低气温（℃）	降雨量（毫米）	日照时数
1999	16.5	32.8	−2.8	1 459.4	1 883.5
2000	16.8	34.2	−3.0	1 184.1	2 077.6
2001	16.9	35.0	−3.7	1 265.9	1 934.8
2002	16.9	35.0	−3.7	1 012.7	1 865.6
2003	16.9	35.0	−3.7	1 012.7	2 110.4
2004	16.9	35.0	−3.7	1 012.7	2 392.7
2005	16.9	35.0	−3.7	1 012.7	2 278.5
2006	16.9	35.0	−3.7	1 012.7	1 865.9
2007	16.9	35.0	−3.7	1 012.7	2 138.7

嵊泗海域内有三个不同性质的水系交汇于此，分别是台湾暖流、黄海冷水团、长江冲淡水，由此形成了呈南北带状逶迤的水系混合区。冷、暖、咸、淡不同水系的汇合，增强了海域内温度变化过程的复杂性，形成了嵊泗海域内特定的温度结构。每年 3—9 月为海水增温过程，10 月至翌年 2 月为海水降温过程，年平均水温为 16℃ 左右（13℃ ~ 28℃ 的水温最适宜贻贝生长），年平均盐度为 29.37 左右（在盐度为 17 ~ 33 时，贻贝足丝分泌旺盛，附着力强），为嵊泗贻贝在生殖、索饵、越冬等阶段提供了适宜的气候条件和海水盐度条件。

3. 肥沃清澈的水体环境

嵊泗海域一方面为长江、钱塘江径流所控制，另一方面又受北方南下的黄海水团、台湾暖流交汇影响，大陆径流和长江口的"丛生流"给海区带来了大量的营养物质，有浮游动物 23 种，还有 112 种底栖生物。海区水质的肥瘦、饵料生物的多寡往往明显地影响贻贝的生长发育，嵊泗特定的地理位置及复杂的水文条件，为其带来了丰富的水产资源蕴含量。每年从长江流入嵊泗海域的径流量为 8 522 亿立方米，钱塘江、甬江、曹娥江年入海径流量 344 亿立方米，为嵊泗海域带来了丰富的营养，这些营养物质与海水营养盐类结合后，为浮游生物的生长提供了有利条件。据测量分析鉴定，海区内叶绿素 a 为 1.056 ～ 4.49 毫克 / 立方米，初级生产力为 80.85 ～ 898.25 毫克碳 / 平方米·日，在舟山群岛中属最高（叶绿素 a 和初级生产力是用来评估养殖场容量的重要依据），有浮游植物 120 种、浮游动物 123 种、底栖生物 112 种，浮游动物平均生物量达到 451.49 毫克 / 立方米，为嵊泗贻贝的生长提供了大量丰富的食物。贻贝喜栖息于潮流湍急、水质清澈的海域环境（图 6-2），嵊泗海域风大、浪高、流急，潮流为规则半日潮，涨潮流向西北，落潮流向东南，流速 3 ～ 4 节，完全符合贻贝生长习性。同时这种海岸开敞度高、浪击度大的特点，有助于促进水体快速交换，丰富海域内浮游生物，为嵊泗贻贝提供了充分的饵料、养料。另外，径流带入的大量泥沙，有助于粉砂质软泥和黏土质软泥等细颗粒物质在海底沉积，有利于各种海洋有益细菌的栖息、生存和繁育，造就了这片海域强大的水质自净能力。

图 6-2　嵊泗的一方"水土"

4. 绿色有机安全的放养海域

嵊泗海域位于东海海域靠外海，养殖区域大多数水深在 -12 米以下，最深达 30 米，且海域基底为细沙及淤泥层，海水透明度高，均达 3 米以上，目前大陆江河污染还没有影响波及到该海域，水域生态环境良好，与近岸海域相比，海洋环境受人为活动影响较小，水质状况优良。2008 年，浙江省海洋与渔业局对嵊泗枸杞贝类生产海区开展了一系列的贝类产品中有毒有害物质监控和贝类生产区海洋环境监测，根据监测结果，该海区各项指标都符合国家标准，被划分为一类区域，即良好生产区，该区域生产的贝类无产品安全隐患，可直接上市生食。优良的自然环境为贻贝的自然生长提供了条件，使贻贝成为纯天然的绿色食品，保证了贻贝的食用安全。根据历年的产品抽样检测结果，嵊泗贻贝各项指标显示良好，2010 年，嵊泗县贻贝养殖基地被列为国家级有机食品生产基地。

三、品质优势

由于嵊泗海域水质肥沃，天然饵料十分丰富，因此嵊泗贻贝采用筏式放养技术，在开放性海域中自然放养，在贻贝的生长过程中不使用人工饵料，也不使用任何化学、农药和生长调节剂等物质，真正做到了纯天然、无污染、无公害、绿色有机。"嵊泗贻贝"从 2003 年出口国外市场至今，从未发生过被通报的案例，产品品质受到国内外市场的一致认可。独一无二的养殖环境造就了嵊泗贻贝的优良品质。嵊泗贻贝不仅个头较大，鲜嫩可口，而且营养特别丰富（表 6-2），嵊泗贻贝肉中含有多种人体不能合成但又必需的氨基酸，其中赖氨酸、苏氨酸和异亮氨酸等是婴幼儿成长发育不可缺少的营养物质，其含量超过了全脂奶粉中的含量；嵊泗贻贝肉的脂肪中还含有饱和脂肪酸和不饱和脂肪酸，其中，不饱和脂肪酸对于降低血脂、预防动脉粥样硬化都极为有利；此外，嵊泗贻贝肉中还富含多种维生素、钙、铁、碘等物质；贻贝肉中的蛋白质含量高达 59.1%，比一般鱼虾中的蛋白质含量都要丰富。因此，"嵊泗贻贝"一直被奉为海鲜珍品，广受消费者青睐。

表 6-2　"嵊泗贻贝"成分检测情况

	检测项目	检测结果
嵊泗贻贝	水分	78.6%
	能量	86 千卡/100 克
	蛋白质	12.7 克/100 克
	脂肪	1.93 克/100 克
	碳水化合物	4.5%
	胆固醇	未检出（<20 毫克/100 克）
	灰分	2.31%
	维生素A（视黄醇）	0.514 毫克/千克
	维生素B1（硫胺素）	未检出（<0.05 毫克/100 克）
	维生素B2（核黄素）	0.68 毫克/100 克
	维生素B5	1.49 毫克/100 克
	维生素E	192 毫克/千克
	钙	436 毫克/千克
	磷	2.70×10^3 毫克/千克
	钾	1.40×10^3 毫克/千克
	钠	3.81×10^3 毫克/千克
	镁	621 毫克/千克
	铁	48 毫克/千克
	锰	2.1 毫克/千克
	锌	19.2 毫克/千克
	硒	未检出（<0.01 毫克/100 克）
	铜	1.8 毫克/千克
	碘	14.1 毫克/千克
	DHA（以脂肪计）	23.6%
	EPA（以脂肪计）	15.4 %
总氨基酸	天门冬氨酸	1.31 克/100 克
	苏氨酸	0.55 克/100 克
	丝氨酸	0.63 克/100 克
	谷氨酸	0.97 克/100 克
	丙氨酸	0.66 克/100 克
	胱氨酸	0.19 克/100 克
	颉氨酸	0.51 克/100 克
	蛋氨酸	0.32 克/100 克
	异亮氨酸	0.50 克/100 克
	亮氨酸	0.50 克/100 克
	酪氨酸	0.80 克/100 克
	苯丙氨酸	0.41 克/100 克
	赖氨酸	0.49 克/100 克
	组氨酸	1.27 克/100 克
	精氨酸	0.34 克/100 克
	脯氨酸	0.50 克/100 克
	色氨酸	0.077%
	总和	12.33 克/100 克

四、品牌优势

  2004年，"嵊泗贻贝"通过了"无公害农产品"和"无公害水产品养殖基地"的考核评审，并由浙江省海洋与渔业局颁发了无公害农产品标志的使用证书；2005年，嵊泗贻贝养殖协会又向国家农业部申报了"嵊泗贻贝"国家级"无公害农产品"和"无公害水产品养殖基地"的认证，经过多年努力，认证成功；2007年5月21日，嵊泗贻贝养殖行业协会（今嵊泗贻贝行业协会）向国家商标局提出"嵊泗贻贝"地理标志集体商标的申报，并获准注册成功，"嵊泗贻贝"成为我国第一个海洋类水产品地理标志集体商标；2010年"嵊泗贻贝"在韩国注册成功，成为嵊泗首个在国外成功注册的国际商标；2012年，浙江省工商行政管理局认定"嵊泗贻贝"为浙江省著名商标。为了进一步加强对"嵊泗贻贝"品牌的保护，提高市场竞争力，嵊泗出入境检验检疫局和贻贝行业协会共同努力，积极开展了"嵊泗贻贝"地理标志产品保护的申报。浙江检验检疫局组织在嵊泗召开了"嵊泗贻贝"地理标志产品保护初审会，经过仔细审核，认为"嵊泗贻贝"历史悠久，风味独特，符合申请地理标志产品保护的相关要求，予以通过，并同意向国家质检总局推荐。2012年6月，国家质检总局发出2012年第88号公告，从2012年6月8日起，对"嵊泗贻贝"实施地理标志产品保护（图6-3）。地理标志产品保护的成功申报可以防止其他地区鱼目混珠，打着"嵊泗贻贝"的旗号销售其他产地贻贝，对于提高"嵊泗贻贝"的市场竞争力，打造具有自主知识产权的品牌，帮助企业占领市场份额具有重要意义。截至2014年6月，嵊泗贻贝行业内，有效注册商标共13件，包括地理标志证明商标1件、境外商标1件、省著名商标4件、市著名商标2件、已申报待注册商标4件。其中，嵊泗华利水产有限责任公司生产的"东珠"牌贻贝最为著名，获得了"浙江省名牌产品"、"浙江省知名商号"、"绿色农产品"、"有机食品"和"优质无公害产品"等多项荣誉称号，2010年该公司贻贝系列产品参展舟山国际渔博会并获得银奖，产品主要用于出口，销路广阔，口碑良好。品牌的建设和维护使嵊泗贻贝成为了一张"金名片"，通过发挥品牌的作用，大大提升了嵊泗贻贝的知名度，提高了竞争力，有利于"嵊泗贻贝"国内外市场份额的扩大。

图6-3 中国农产品地理标志及嵊泗贻贝标志

五、养殖技术优势

嵊泗县贻贝养殖专业合作社、育苗基地、加工企业等长期以浙江海洋学院、宁波大学、浙江工商大学等高校及科研机构为技术依托，与之开展合作交流，大力开展贻贝产业相关核心技术攻关。早在 2002 年，嵊泗县就与浙江海洋学院签署了合作协议，2013 年，又签署了校地校企全面战略合作关系协议书，嵊泗县被授予"浙江海洋学院嵊泗技术转移中心"科技合作平台称号，双方在各领域展开合作，实现了养殖、加工与科研技术的紧密结合，并取得了丰硕成果，尤其是近几年来，在嵊泗县海域海洋生态环境的修复、海区贝藻循环产出和贻贝养殖容量评估等方面，浙江海洋学院都提供了有力的科技支持，推动了当地贻贝产业的快速发展。嵊泗县海洋渔业局、质监局、科技局等相关部门联合各高校和科研机构先后开展了《嵊泗贻贝养殖种类生长发育调查》、《厚壳贻贝人工繁殖技术的研究》、《嵊山、枸杞—贻贝特色基地建设》等相关课题研究，探索总结出一套独有的养殖技术，并制定了《嵊泗贻贝》地方标准和企业联盟标准，进行标准化生产。2008 年，由海洋渔业局和科技局组建的技术攻关团队成功攻克了厚壳贻贝人工育苗的难题，建设了苗种基地，极大地提高了厚壳贻贝苗种的自给率，从此为嵊泗贻贝产业打开了新局面；当地政府多次组织科研力量进行贻贝壳加工利用的探索，2006 年嵊泗绿贻生态开发公司与宁波一家科研单位合作，以贻贝壳为原料进行粉碎加工研制饲料添加剂获得成功。2007 年以贻贝壳为原料的土壤改良剂研制成功，2013 年又研制生产出家禽养殖有机饲料，这些技术成果解决了长期以来贻贝壳带来的污染问题，极大地提高了贻贝的综合利用率；2006 年，嵊泗东海贻贝科技创新服务有限公司与浙江大学合作联手开展《具有抗炎活性的贻贝提取物软胶囊的制备及产业化生产》项目，该项目以贻贝为原料，开发研制具有抗炎功能的药品并获得成功；2009 年嵊泗县科技局组织实施省科技富民专项行动计划——贻贝产业提升工程，共组织实施贻贝苗种提升工程建设、贻贝安全高效规模化养殖技术集成与推广应用、贻贝精深加工技术集成与推广、贻贝废弃物资源化综合利用研究与推广应用等科技项目 6 项，是年该项目引进新技术、新品种 10 项，转化科技成果 15 余项，企业申请专利 7 件。这一系列科技项目的实施促进了当地贻贝养殖、加工和利用技术的日趋成熟，贻贝价值不断提升；2011 年，嵊泗县科技局在长期构想和实践的基础上，在厚壳贻贝的保苗过程中开始投入使用一次性环保网衣并收到良好的效果，提高了贻贝的保苗率，无形中节约了成本，增加了收益。嵊泗县贻贝产业的发展依托于各科研院所有力的技术支持，技术的进步和革新为产业带来机遇和转变，嵊泗县贻贝产业的每一次向前发展都与技术的进步息息相关。

六、政策优势

1."一带一路"助力海洋联动

嵊泗一直是古代海上丝绸之路的重要起点，中国加快推进"一带一路"战略规划，成为了嵊泗贻贝走出中国，走向世界的重要机遇。抓住用好国家战略机遇，促进东西双向开放；打造开放载体平台，深化宽领域对外合作；发挥港口综合交通枢纽作用，推进海上贸易往来。不仅有利于建立海洋合作平台，推动与"一带一路"沿线地区的海洋经贸、海洋渔业、海洋科技等方面的务实合作，同时嵊泗天然深水良港的交通运输优势，能够有效推动与欧洲、中东、非洲等地区的海陆贸易往来。据浙江舟山嵊泗检验检疫局统计，2016年，国家地理标志产品"嵊泗贻贝"共计出口1378吨，货值391.8万美元，同比分别上升了92.13%、52.44%，出口量接近翻番，成为嵊泗出口水产品增长"主引擎"。处于"一带一路"交汇处的中东、阿拉伯国家蕴含了巨大的出口潜力。随着"一带一路"的提出，习近平总书记提出要进一步关心海洋、认识海洋、经略海洋，以服务当地企业，促进"嵊泗贻贝"出口。浙江嵊泗检验检疫局还结合国家战略，精心助力企业拓宽"一带一路"沿线国家市场，首次出口哈萨克斯坦等国，时隔12年重返澳大利亚市场，相关国家出口量及货值同比分别增加了8.45倍和8.52倍。结合"一带一路"，浙江嵊泗政府和检疫局持续提升服务力度，努力推动"产品"向"品牌"转变，广泛宣传地理标志产品的市场优势，使其得到企业认同。"嵊泗贻贝"专用标志使用量同比增长6倍，有效提升了产品知名度和竞争力。引导企业充分利用优惠政策，鼓励企业积极申领自贸区证书，自贸区原产地证书所涉货值同比上升11.4倍，有效增加出口商品国外市场竞争力。

图6-4 "一带一路"

2. 政府提供技术支持，保障市场秩序

政府部门对嵊泗县贻贝产业的发展予以大力支持，组织和开展了各项科技攻关，如贻贝育苗技术的突破，苗种基地的建设、养殖方法的不断探索、海域条件的改造、对贻贝养殖方式的改革等，均取得了良好效果，这些举措对发展壮大当地贻贝产业具有重要意义。县技术质量监督局、县出入境检验检疫局和县工商局等部门帮助企业制定加工技术标准和生产管理制度，为企业提供产品质量检测等服务；县出入境检验检疫局投入大量资金建立了浙江省检验检疫系统第一个贝类毒素检测实验室，其中 80% 的投入用于对贻贝的检测，重点对微生物、重金属及贝类毒素进行监控，该局还积极为企业收集各国贻贝质量安全技术标准和法规等有用资料和信息，帮助企业突破国际贸易壁垒，进一步扩大国外市场，2012 年县检验检疫局帮助贻贝加工企业改造了生产设备，更新了产品加工流程，有助于产品质量的提升；县技术质量监督局通过 QS 认证，并帮助行业协会制定实施《"嵊泗贻贝"集体商标准用联盟标准》；县海洋与渔业、科技等部门聘请养殖专业技术人员对养殖户进行实地指导；海渔局在枸杞、嵊山两地成立渔业技术推广站，帮助养殖户解决各类技术问题；县经贸局、县科技局等单位积极帮助企业进行生产技术改造，扩大生产规模；县工商部门通过"守合同重信用"活动并实施局、所及个私协会维权联络点"三级联动"保护网络，规范贻贝购销市场秩序。

3. 政策倾斜，扶持产业

2009 年"嵊泗贻贝"集体商标准用联盟标准推广实施项目被列入《浙江省块状产业标准化重点项目》。该项目得到了当地政府的高度重视，在 2010 年 3 月 1 日嵊泗县第十五届人民代表大会第四次会议上的《政府工作报告》中明确将推广嵊泗贻贝集体商标准用联盟标准、提升嵊泗贻贝品牌在国际市场的竞争力列入政府主要工作并启动了贻贝产业相关工程，推出一系列相关配套政策，以全力促进贻贝块状产业发展。

第一，嵊泗县人民政府办公室于 2009 年 5 月 27 日，印发了《嵊泗县水产品块状产业质量提升实施方案》（嵊政办函 [2009]20 号），决定在全县水产行业中开展"水产品块状产业质量提升工程"活动，通过各相关部门的努力，在打造"嵊泗贻贝"区域品牌、指导贻贝行业协会制定实施《"嵊泗贻贝"集体商标准用联盟标准》等方面取得了明显成效。

第二，嵊泗县政府着手实施为期 3 年的贻贝产业提升工程，该项目以安全高效、生态循环为主题，以技术集成与普及提高为抓手，以品牌战略为指导，以提高加工品质、

提升废弃物资源化综合利用水平为突破口，强化生态型标准化生产模式和资源综合循环利用，全面提升贻贝产业区域综合竞争力，从而推进整个贻贝产业以飞跃式的增长速度发展。该项目被列入浙江省2009年第一批科技富民强县专项行动计划，项目总投入3000万元。

第三，根据《关于印发嵊泗县水产贻贝加工企业奖励办法的通知》（嵊政办发[2004]59号）精神，对贻贝加工企业予以政策上倾斜，重点扶持贻贝加工龙头企业。据不完全统计，2009年，财政扶持贻贝产业各类项目资金449万元，并在2009年度嵊泗县中小企业发展资金中优先安排贻贝产业，补贴产业奖励资金93万元，占当年度该专项发展资金的54.7%。

第四，从2010年起启动嵊泗出口贻贝质量安全示范区的建设，建立了专门工作机构，成立了领导小组，并出台《嵊泗出口贻贝质量安全示范区建设方案》，着手建立符合要求的贝类安全卫生控制体系，全力开拓欧盟市场。

第五，从2010年开始，为了鼓励贻贝壳加工企业继续加工利用贻贝壳，改善贻贝壳资源的浪费和带来的环境污染问题，县政府出台政策为贝壳加工公司提供每吨25元的补助，贻贝加工企业也依此执行。以一年消化2万吨贝壳算，每年可获得100多万的补助，这样一来，增强了贻贝壳加工企业的积极性，促进了贻贝壳资源的有效利用，同时在很大程度上缓解了贻贝壳带来的环境污染，有利于产业走可持续发展道路。

嵊泗县国税部门认真落实了税收优惠政策，为贻贝养殖户减免税收。据统计，截至2012年底，除当地企业收购外，20多家养殖专业合作社及其所属养殖户销售贻贝的免税金额已达3463万元。2013年，嵊山、枸杞两地共减免增值税500多万元。税收减免政策大大缓解了养殖户的经济压力，提高了养殖户的收入。

4. 重视贻贝文化

荷兰的耶尔瑟克的"贻贝节"，每年都会吸引数十万来自世界各地的游客，据统计光款待游客的贻贝就用去数百吨。但是每年耗费大量人力物力举办"贻贝节"，不仅扩大了渔村小镇的影响，使荷兰贻贝借耶尔瑟克名扬天下（图6-5），也使荷兰贻贝出口每年为国家创下大量外汇收入。因此举办各类民俗节，吸引游客，扩大影响，正是嵊泗贻贝品牌所需要的。以此为目的，嵊泗县人民政府自2004年起，开始组织举办嵊泗"贻贝文化节"，现已经成功举办9届。每年的8月到10月正是贻贝收获的季节，此时的贻贝最为肥美，无论是"品贻贝"、"贻贝美食烹饪大赛"、"贻贝菜系特价推荐"等如火如荼的现场活动，还是让游客过目难忘的贻贝文化节吉祥物"贻贝娃娃"，无一不在时刻传播着独特的嵊泗贻贝文化。饱食了贻贝佳肴的游客们，庆贺丰收的同时也领略了独特的海天渔村、碧海奇礁的美丽景色，举办贻贝文化节不仅向人们宣传了贻贝文化，提高了嵊泗贻贝的知名度，吸引了国内外的客商，拓展了贻贝销售渠道，促进了嵊泗贻贝产业的发展和壮大，同时对繁荣海洋文化、促进旅游发展等方面都起到重大作用。嵊泗政府不仅致力于"请进来"，而且也倡导和鼓励"走出去"，由政府领导牵头，各加工企业相继在杭州、上海、宁波等地举办贻贝产品推介会，鼓励企业积极参加上海、青岛等地的渔业博览会，在会上设立展区推销"嵊泗贻贝"，积极宣传嵊泗贻贝品牌（图6-6），吸引各地客商，拓宽销售渠道。"走出去"战略的实施有助于提高嵊泗贻贝品牌的知名度，有利于新市场的开拓。同时，鼓励企业参加各类产品评比活动，并取得可喜成绩，华利、翔远等多家企业的贻贝系列产品获得了"浙江农业博览会金奖"、浙江省名牌产品、浙江省绿色农产品等荣誉称号，"走出去"战略有助于扩大企业的社会影响力，提高"嵊泗贻贝"的知名度和竞争力。

荷兰耶尔瑟克（Yerseke）贻贝节和中国嵊泗贻贝节

荷兰东南部与比利时接壤的沿海小镇耶尔瑟克，素有欧洲淡菜的"麦加"之称。耶尔瑟克生产的贻贝个大、肉多，经过烹制后，味道鲜美、香气诱人，加之当地民众与政府将民俗展示、游乐、购物、品尝海鲜等内容巧妙地融合在一起，使贻贝节成为远近闻名的大型集市，吸引了众多的跨国商家与消费者人潮。每年8月份的第三个周末都会举办一年一度的"贻贝节"，届时吃贻贝、喝啤酒、乘海船、逛集市等活动，成为最让游者尽兴的"品牌节目"，而贻贝养殖业者可以在享乐的同时，洽谈贻贝购销生意。富有特色的耶尔瑟克贻贝节，现已成为欧洲著名的民俗节之一，使得当地的贻贝名扬天下，以至在荷兰成为家喻户晓的传统美食，同时也促进了贻贝出口创汇，让来自世界各地的游客感受和了解荷兰的特色文化。

在遥远的中国舟山嵊泗也同样有贻贝节，嵊泗依海而生，素有蓝海牧岛之称，而"放牧"的就是贻贝，独特的海洋环境成就了嵊泗贻贝，这里出产的贻贝鲜嫩、味美、绿色无污染，已成功申请国家地理标志。贻贝文化节是嵊泗县立足本地资源，文化搭台、经贸唱戏的大型综合性文化节庆活动。嵊泗贻贝文化节以为渔民办节、为旅游办节、为海洋环保办节，为宣扬推介嵊泗办节为目的，于2004—2007年，成功举行了4届，对嵊泗拓展贻贝市场、繁荣海洋文化、提高知名度增进旅游发展等方面都起到重大作用。嵊泗县于每一年7月29日—8月30日举行嵊泗贻贝文化节。

图 6-5　荷兰的耶尔瑟克的"贻贝节"

图 6-6　嵊泗贻贝做出的宣传

七、安全管理优势

2002 年欧盟曾经出台 (EC)No. 178/2002，要求自 2005 年 1 月 1 日起，凡是在欧盟国家销售的食品必须具备可追溯性；美国、日本等发达国家也相继分别对食品可追溯性提出了强制性要求。为了增加向欧盟等高端消费市场的出口机会，嵊泗县检验检疫局于 2013 年 9 月，成功开发完成嵊泗贻贝质量安全追溯系统，该系统通过特殊的二维码标识，将嵊泗县贻贝从养殖、收购、加工、储运到销售等整个供应链的所有质量信息进行信息化管理（图 6-7）。这个系统在嵊泗县翔远水产有限公司（以下简称翔远水产）进行系统培训实施。通过现场实施应用，完善系统功能，顺利完成了出口贻贝产品的质量追溯。

1. 养殖场管理

每个捕捞场在系统中对应唯一的编号。编号完成后，在系统中为海域及捕捞户做备案，并向嵊泗县内所有经过翔远水产质检科登记备案且拥有原料安全区域产地证明书的养殖场发放养殖收购 IC 卡，捕捞户送货时携带贻贝所对应的 IC 卡。

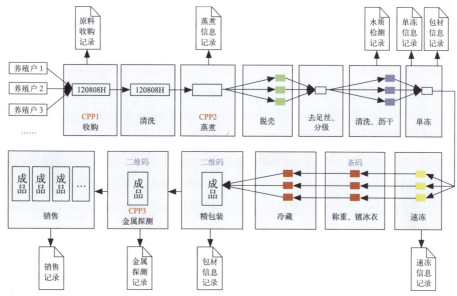

图 6-7　质量追溯流程图

2. 收购管理

本系统主要是针对收购进行管理，贻贝来自不同的捕捞户和捕捞海区海域，即使是同一个养殖户也在不同的海区进行捕捞，不同海区的贻贝质量不尽相同，通过读取收购卡的方式进行信息录入，将养殖收购卡所标识的信息传递入生产加工环节信息链（图 6-8）。

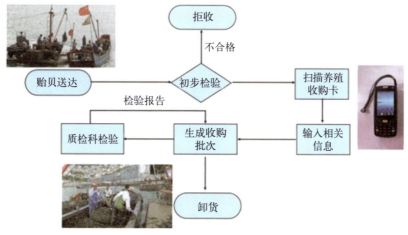

图 6-8　收购流程图

3．加工管理

嵊泗贻贝种类较多，包括半壳贻贝、全壳贻贝、干品贻贝、单冻肉等各类产品，加工流程也不完全一样，过程较为繁杂。以单冻肉产品的加工为例，为了使得系统在企业内部具有通用性，对于具体的加工环节可以分为两部分：半成品加工和成品加工（图 6-9）。

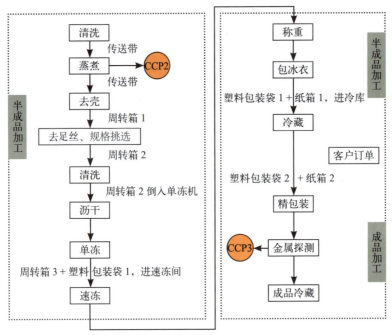

图 6-9　单冻肉产品生产加工流程图

半成品加工过程中要记录相关的加工信息，并对半成品盛放的周转箱或者纸箱进行标记。标记形式分为两种：可周转使用和一次性使用的标记。

成品加工，提前用条码打印机批量打印追溯标签，之后将追溯标签粘贴在成品包装箱的指定位置，标签信息包括产品名称、二维码（编码规则为：产品 GTIN 码＋顺序号）等内容，可根据企业实际情况自行定义。操作人员通过手持终端扫描成品纸箱上的二维码完成整个过程。

4．销售管理

成品加工分为订单生产和非订单生产，对于订单生产，制定生产计划时目标明确，可减少出入库的过程，同时减少扫描标签的次数，节约操作时间；非订单生产完成后，产品进入成品库冷藏。当销售订单到达时，通过手持终端完成出库扫码和销售过程。

实施效益

系统按照"来源可追溯、去向可查证、责任可追究"的建设要求，实现了出口贻贝产品贯穿原料收购、生产加工、销售整个供应链的质量追溯。消费者购买到产品之后，可以通过以下方式进行查询：

a. 公司网站消费者登录公司官网，在追溯板块输入追溯条码可以进行相关的查询。

b. 第三方公共服务平台消费者登录第三方公共追溯服务平台 www.safefood.gov.cn 网站，输入追溯码可以进行相关的查询。

c. 食品安全查询终端。在产品销售终端店面，安装食品安全追溯查询机，可详细追溯产品的基本信息、加工环节的信息及检验报告情况。

d. 手机扫描二维码。随着智能手机的普及，越来越多的消费者拥有智能手机，并安装扫描条码的相关工具，通过相应的软件，扫描单品包装上的二维码进行相关信息的简单查询。

e. 发送短信至短信平台消费者。如果没有智能手机，可以将追溯码发送到短信平台，获得所购产品的追溯信息。

f. 电话查询。企业设立产品查询电话，消费者通过拨打电话，查询产品的相关信息。

使用贻贝质量安全追溯系统之后，企业可以对养殖户进行规范管理，从而达到控制原料质量的目的。贻贝质量安全追溯系统通过连接收购、生产、检验和销售各个环节，当发生质量问题时，企业可通过追溯系统快速识别问题产品的来源和程度，进行有限度的召回，减少不必要的损失，从而提高生产企业的信息化管理水平，提升产品的品牌形象，提高消费者对产品质量的认可度。

第七章
嵊泗县贻贝产业发展
中存在的问题

笔者通过多次实地走访和大量查阅文献，具体总结了嵊泗贻贝产业发展中所存在的问题，包括养殖、加工、销售等多个方向。

一、养殖方向

1. 苗种问题

嵊泗贻贝品种主要为紫贻贝和厚壳贻贝，部分翡翠贻贝，且翡翠贻贝养殖一直处于试验中。贻贝养殖产业中优质的贻贝苗种成为当下的最大问题。

由于嵊泗当地紫贻贝苗种培育技术不成熟，人工育苗成本太高，目前嵊泗县紫贻贝的苗种仍然主要依靠每年从青岛、大连等地购入，因此在紫贻贝购入苗种时存在很多弊端：第一，贻贝幼苗的运输过程漫长，不仅要花费大量的资金和人力，而且途中还需要对苗种进行特殊的冷藏处理，控制温度、喷洒海水以保活，技术要求高，成本大，且在运输过程中贻贝苗的成活率很难控制。因此苗种的质量难以保证，同时由于气温与海水环境的变化，投放到海水中的贻贝苗很难适应，也会出现死亡的可能，导致后续可能需要补苗等操作，增加了养殖户的成本。第二，随着全国贻贝养殖规模的不断扩大，贻贝苗种需求量逐年增加，而当前紫贻贝苗种也呈现供应不足的趋势。第三，由于大连、青岛等地临海工业的迅猛发展，导致附近贻贝育苗海域受污染程度加重，因此如果一旦从外地引进的苗种发生问题，将导致嵊泗本地养殖户无贻贝可养的局面。

关于厚壳贻贝苗种，嵊泗养殖户一直有利用经济效益高、抗风浪性强的厚壳贻贝取代紫贻贝养殖的想法，但是从外地购入的厚壳贻贝苗种价格一直居高不下，而且呈供不应求的趋势。自从 2008 年，人工突破厚壳贻贝育苗难题，随着厚壳贻贝规模化人工育苗的成功，厚壳苗种价格有所下降。但是由于厚壳贻贝苗种产量一直不稳定，虽然现在嵊泗已经有不少于三家的厚壳贻贝育苗场，但是，由于特殊天气和厚壳贻贝出口等诸多因素影响，苗种不能稳定地满足养殖户的需求，人工育苗技术仍然有待提高。2014 年 4—5 月，枸杞乡养殖户购买的野生厚壳贻贝苗种大批死亡，造成 300 多万元的经济损失；当年全县厚壳贻贝人工繁育苗种生产形势也十分严峻，6 家厚壳贻贝人工育苗企业均出现大幅减产现象，其中 3 家主要的厚壳贻贝育苗企业甚至出现绝收，亏损严重，导致当年全县苗种严重短缺，影响到整个贻贝产业的运行。因此品质优良且充足的贻贝苗是确保贻贝养殖产业的出发点。

2. 盲目扩大规模，贻贝养殖呈过密化倾向

嵊泗贻贝养殖确实为养殖户带来了可观的经济效益，受地理位置所限，嵊泗部分可以避风防浪的可养海区的养殖容量已接近饱和。而部分养殖户一味追求经济效益，盲目扩大养殖密度，缩短养殖间距，不断向外海海域扩展养殖空间，由此造成养殖内圈生物饵料欠丰、影响到贻贝的正常滤食、养殖周期延长、养殖贻贝品质下降，无形中反而增加了贻贝养殖的成本。同时由于受到苗种、养殖技术、自然灾害等因素的影响，导致贻贝的品质较不稳定，质量参差不齐，部分贻贝个体偏小，得肉率低，饱满度不足。2014 年嵊泗县紫贻贝加工制成的颗粒贻贝比例为每 5～5.5 斤加工成品 1 斤，2013 年同期加工比例为每 5 斤加工颗粒贻贝成品 1 斤；2014 年干品加工比例为每 15.5～16 斤加工成品 1 斤，2013 年同期加工比例为每 15 斤加工成品 1 斤（表 7-1）。加工企业对此重视不够，导致产品质量品质不一，影响企业诚信和"嵊泗贻贝"品牌形象。

表 7-1　加工颗粒贻贝和干品贻贝所需原料情况

单位：斤

年份	1斤颗粒贻贝	1斤干品贻贝
2013	5	15
2014	5～5.5	15.5～16

数据来源：嵊泗县经济和信息化局

3. 厚壳贻贝养殖周期长，风险大

由于厚壳贻贝的价值相对紫贻贝高，所以嵊泗在努力扩大厚壳贻贝养殖，但是由于嵊泗贻贝养殖地处东海前沿，属于亚热带海洋性季风气候区范畴，每年夏季平均被 3～4 个热带气旋影响。厚壳贻贝从育苗到成熟周期需 2～3 年，如此长的养殖周期就意味着受自然灾害影响的次数较多，养殖风险较大。一旦受到强台风袭击，意味着部分养殖户将失去重要的收入来源和生活保障，甚至没有后续资金进行灾后重建，并且还会影响后续第二和第三年的育苗和包苗，给厚壳贻贝养殖产业带来极大损害。

4. 采获时间劣势

目前我国贻贝的主产区集中在山东日照和嵊泗，日照贻贝的收获时间集中在 1—3 月，此时正值北方寒冬时节，既不会受台风侵袭，也没有苍蝇的影响，贻贝存活时间约 6 天，可以运输到全国各地鲜销，也可以加工为冻品或干品等进行销售。而嵊泗的贻贝收获时间集中在 7—8 月，采获时间较其他地区存在劣势：第一，此时正值台风灾害频发的

季节，一旦遇到强台风，会给贻贝产量带来极大损失；第二，此时正值苍蝇肆虐的季节，很难保证贻贝在收割和加工时不被污染，产品质量不能保证；第三，天气炎热，再加上贻贝保质期短、运输路途漫长、运输船只制冷能力不足等因素的影响，因此贻贝鲜销量有限，产品新鲜度难以保证，收割上来的大部分贻贝只能被加工企业收购加工后再销售；第四，除了山东，福建、温州、台州等地的收割期也都早于嵊泗，待到嵊泗贻贝上市时，国内及国际市场贻贝需求下降，不利于贻贝销售。

5. 环保危机

贻贝在海区养殖过程中捕捞野生苗种对底层和底栖生物都会产生一定影响，养殖设施底下有机物的沉积，将导致一年内沉积物增加几厘米，引发沉积物组成和底栖群落结构的变化。同时随着贻贝产量的逐渐增加，产生了大量的废弃养殖设备和贻贝壳，这些设备和贝壳的处理成为了一大难题，如果长时间堆积在海岛附近或是填海会破坏周边沿海环境，进而间接影响贻贝的养殖。

表 7-2　嵊泗海区水质监测情况

项目	平均值	测值范围	超标（%）
水温	31	11.10～23.60	—
盐度	21.08	7.90～31.00	—
悬浮物	384	7～2226	—
溶解率	8.06	5.95～9.50	5.9
pH	8.08	7.98～8.21	—
活性磷酸盐	0.030	0.016～0.056	100.0
活性硅	1.330	0.520～2.780	0.0
无机氮	0.542	0.181～1.233	94.1
COD	<1.97	0.42～7.05	23.5
石油类	<0.050	<0.050～0.077	10.0
汞	0.055	0.002～0.245	25.0
铜	1.490	0.66～2.60	0.0
铅	0.37	0.07～1.65	5.9
镉	0.052	0.027～0.078	0.0
砷	3.6	<1.3～11.4	0.0
非离子氮	<0.001	<0.001～0.002	0.0

数据来源：《嵊泗海洋与渔业志》

6. 抵制自然灾害能力弱

嵊泗县属于亚热带海洋性季风气候，贻贝养殖海区位于东海前沿，因此，每年夏季都会受到热带气旋的影响，对贻贝的产量和产值带来不同程度的损失，同时由于贻贝的养殖周期较长，特别是厚壳贻贝，一般需要 2 ~ 3 年，因此受自然灾害的次数也多。2011 年的 9 号台风"梅花"使嵊泗县枸杞乡 10600 亩贻贝几乎全军覆没，大量成贝脱落，筏架被毁，全乡 714 户养殖户受灾，直接经济损失共计达 4 亿元。台风灾害让养殖户损失惨重，继而影响到灾后养殖地的重建，也影响到下一年的贻贝产量，对贻贝产业的发展十分不利。

7. 养殖从业人员文化水平低，人才引进不足

贻贝养殖从业人员文化水平较低，年龄老化。笔者通过对金盟海水养殖专业合作社、绿岛养殖专业合作社、家和养殖专业合作社和绿华深海养殖专业合作社共 4 家养殖专业合作社 223 位养殖从业人员进行调查发现，其中 40 ~ 60 岁年龄段的养殖人员共 169 人，占总调研人数的 76%（图 7-1）；养殖从业人员整体文化水平低，高中及以下文化程度为 220 人，占 99%（图 7-2）；助理工程师以上职称人员仅有 3 人，仅占养殖人员的 1%（图 7-3）。养殖人员年龄老化，文化水平低下，在贻贝养殖生产过程中对养殖新技术和先进的养殖经验认识不足，接受缓慢；另一方面嵊泗县水产养殖专业人才缺乏，养殖队伍的力量十分薄弱，新的养殖技术和专业知识难以推广转化为生产力，这些都不利于贻贝产业的发展。

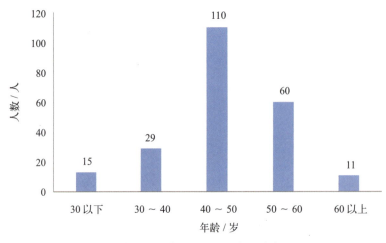

图 7-1　养殖从业人员年龄分布

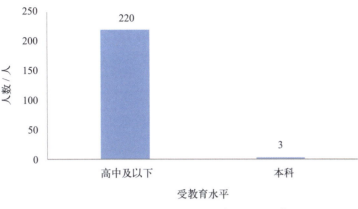

图 7-2　养殖从业人员受教育水平情况

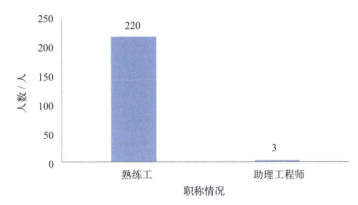

图 7-3　养殖从业人员职称情况

二、加工环节

1. 品种单一，产业链短，产品附加值较低

嵊泗县贻贝加工企业主要以加工贻贝冷冻制品（冻煮颗粒贻贝和冻煮半壳贻贝）和贻贝干品为主，加工品种单调，加工方式传统，以粗加工为主，无论与国内、国外等其他地方的贻贝加工相比，还是与本地市场上同类海水产品加工相比，都存在精深加工严重不足的问题，这对贻贝占据市场份额十分不利，若想提高产品售价十分困难，争取效益最大化的可能性将大大减弱。而一旦陷入销售困境，将很难扭转局面。目前嵊泗县贻贝加工产业长期以简单加工贻贝食品为主，对贻贝的深度开发利用不够。部分企业曾经做过利用贻贝蒸煮液制成海鲜贻贝油或者以贻贝为原料提炼制成贻贝汁为保健品等的尝试，但都只是浅尝辄止，未曾实现规模化生产。对贻贝的开发利用不足，不利

于贻贝产业链的延伸和提升。

2. 加工生产成本高，产品价格失去竞争力

由于地处海岛，交通运输的不便使得嵊泗贻贝生产成本较高，再加上近年来生活成本上涨，使得人力成本、原材料价格、水电费等均不断上涨，这些都导致贻贝加工企业的生产成本增加。尽管嵊泗县厚壳贻贝收购价低于福建等地收购价 20.0% 左右，但嵊泗劳动力成本比福建等地高出约 50%，再加上高昂的运输成本，导致半壳贻贝加工成本价比福建等地同样产品成本高出 10% 左右。据统计，2014 年，嵊泗县贻贝加工企业平均用工人数与 2011 年相比，下降了 21%，应付职工薪酬却增加了 35%，厚壳贻贝收购价也比 2011 年增加了 57%。据测算，紫贻贝原料成本为 1 200 元 / 吨，颗粒贻贝和干品贻贝加工比例分别为 5∶1 和 16∶1，再加上水电煤费、人工费及其他费用，每吨颗粒贻贝可变成本为 10 100 元左右，每吨干品贻贝可变成本为 28 200 元左右，测算下来每吨颗粒贻贝利润仅 2 000 元左右，每吨干品贻贝利润仅 2%。2014 年，大量厚壳贻贝销售到福建等地成为当地半壳贻贝的加工原材料，严重冲击了全县半壳贻贝市场。

3. 生产成本及库存增加，企业经营压力加剧

近年来，由于生活成本的上涨，使人力成本被不断上调，再加上原材料价格的大幅上涨，都直接增加了企业生产成本。据统计，2014 年，贻贝加工企业平均用工人数比 2011 年下降 20.8%；应付职工薪酬比 2011 年增长 34.9%；厚壳贻贝收购价比 2011 年增长 57.1%；再加上水、电等中间费用的增加，导致 7 家以上贻贝的加工企业主营业务成本比 2011 年增长 57.1%，企业利润空间进一步被压缩。目前，由于全县仍库存部分半壳贻贝和颗粒贻贝，导致企业资金周转不灵，经营压力加剧。

三、销售环节

1. 国内外市场受到冲击，产品销售出现瓶颈

从国内市场来看，浙江省内温州、台州二市贻贝养殖规模日益扩大。温州地区，2014 年，苍南贻贝养殖面积共计约 800 亩，其中厚壳贻贝养殖面积约 640 亩；平阳南鹿岛养殖面积约 1300 亩，厚壳贻贝和紫贻贝各约占 50%；瑞安北魔岛厚壳贻贝养殖面积 20 多亩，产量约 30 吨；台州市 2014 年贻贝养殖面积约 472.5 亩，总产量 1200

多吨（表 7-3）。

表 7-3 浙江省贻贝养殖情况

地区	2013养殖产量（吨）	2013养殖面积（公顷）	2014养殖产量（吨）	2014养殖面积（公顷）
浙江省	82 445	1 440	88 113	1 402
温州市	1 128	154	1 040	117
台州市	3 124	35	2 859	34
舟山市	78 193	1 251	84 214	1 251
其中：嵊泗县	75 433	1 227	81 914	1 227

数据来源：浙江省海洋与渔业局

另一方面，浙江省外主要贻贝养殖地有山东、福建、广东、广西、辽宁、江苏等地，其中：山东养殖规模最大，贻贝养殖面积约 50 万亩，年产量 40 万吨；福建贻贝养殖品种主要为紫贻贝，养殖面积约 18.8 万亩，总产量约 7.8 万吨；辽宁贻贝养殖面积达 6.5 万亩，产量约 3.5 万吨；县外紫贻贝的大规模养殖对嵊泗本地紫贻贝国内外市场造成了冲击。随着各地不断加大科技投入，育苗技术不断提高，2014 年 2 月山东省日照市实现了厚壳贻贝苗种的成功培育，育苗量达 10 亿粒，温州平阳县的一家养殖专业合作社依托宁波大学的技术支持，于 2012 年 6 月实现了厚壳贻贝苗种人工培育的成功。目前多地已突破了厚壳贻贝人工育苗技术难题，2016 年山东省各地均实现了小规模的厚壳贻贝试养，预计 2017 年育苗量和养殖面积会持续增加，实现厚壳贻贝大规模养殖指日可待，届时，对嵊泗厚壳贻贝的鲜销与出口又是一大冲击。同时由于广东不少企业存在对贻贝肉注水增重的现象，以此来降低成本，福建部分企业在出口台湾时因为拥有地理优势而价格较低，导致嵊泗县贻贝在国内销量锐减。从国际市场来看，冷冻贻贝是嵊泗最主要的出口水产品，产品主要销往韩国、俄罗斯、台湾、南非等国家和地区。受次贷危机和欧债危机影响，2009—2011 年，嵊泗贻贝出口起伏不定，三年间分别实现出口量 1 888 吨、2 260 吨和 1 246 吨，实现出口额 289 万美元、386 万美元和 272 万美元。2012—2014 年，嵊泗贻贝出口形势与前几年相比，总体呈下降趋势，2014 年出口量下降尤其明显，因而外贸形势严峻。受卢布贬值影响，同时由于国外市场竞争激烈，对贻贝的品质要求较高等不利因素，对俄市场的厚壳贻贝出口量受到严重冲击。

2. 养殖户之间、加工企业之间恶性竞争

养殖户之间、各养殖专业合作社之间恶性竞争，争相出售贻贝，导致企业压价严重，

损害养殖户的利益。加工企业之间恶性竞争，互相抬价，争相收购贻贝，导致企业成本上升；在销售时互相压价，导致企业利润降低。部分养殖户将贻贝出售给福建、广东等地的加工企业，由于当地加工成本较低，因此同类产品售价也较低，与嵊泗争夺国内外市场时具有明显的价格优势，致使本地贻贝的市场竞争力下降。

运输受限，影响贻贝鲜销品质

由于受到运输路线漫长和鲜销船只制冷设施不完善等因素的制约，贻贝鲜销品质被严重影响。据调查，目前贻贝鲜销采用的主要运输路线为"枸杞—宁波、沈家门（水产品交易市场）"，从收割到交易市场需耗时超过 20 小时，导致贻贝的新鲜度大打折扣，尤其是对于收割期在 7—8 月份的紫贻贝来说，保鲜难度更大，如何保证大量紫贻贝鲜销新鲜度成为一个迫切需要解决的难题。

营销理念落后，销售竞争优势缺乏

尽管嵊泗贻贝肉鲜味美已得到市场认可，但由于销售方式老套，销售渠道单一，使产品营养价值和商业价值得不到真正体现，再加上受到家庭式企业经营和缺乏专职营销人员的条件限制，新消费群体开发难度较大，新市场开拓屡屡受阻。尤其在"互联网 +"的今天，电子商务行业蓬勃发展，如果单一靠传统的销售渠道，对嵊泗贻贝市场的开拓极为不利。

3. 市场分析能力不足、竞争激烈，库存积压严重

经济形势是影响贻贝市场的重要因素，2014 年，嵊泗县贻贝出口总量 864 吨，同比下降 33.1 个百分点，出口总额 225 万美元，同比下降了 23.7 个百分点；俄罗斯是嵊泗县贻贝的主要出口国之一，2014 年，受卢布贬值的影响俄市场贻贝出口量受到严重影响，俄罗斯贻贝出口总量 457 吨，同比下降 10.6%，出口总额约 91 万美元，同比下降 3.2%；台湾市场方面，受到福建的水产加工企业抢占市场的影响，虽然嵊泗县厚壳贻贝收购价格低于福建收购价约 20.0%，但是由于嵊泗高昂的人力成本和运输成本，导致贻贝加工成本高出福建约 10.0%，因此嵊泗县出口贻贝价格失去了竞争力，同时，福建等地大量从嵊泗县购入厚壳贻贝作为原料加工成半壳贻贝，利用其地理优势，降低出口价格出口台湾，造成台湾市场饱和。市场分析能力不足，盲目生产，导致产品库存积压严重，不利于企业资金周转和开拓市场，因此准确地预测和把握国内外市场的动态及走向，对养殖户、加工企业和有关部门等及时作出反应、制定相应销售方案和对策以降低市场风险具有重要意义。

4. 宣传力度小，品牌知名度不高，市场开发严重不足

目前，嵊泗贻贝国内市场开发严重不足，销售半径小，鲜品及加工品主要销往舟山、宁波、杭州、上海方向，全国很多省份及主要城市还处在未开发的空白状态。有关贻贝的宣传也仅限于舟山本地及周边地区，消费者对"嵊泗贻贝"的认知度低，"嵊泗贻贝"远不及"阳澄湖大闸蟹"、"舟山带鱼"闻名全国（图7-4），品牌影响范围小，不利于市场的开拓。

5. 销售方式传统，缺乏专业营销人才与方式

嵊泗贻贝的销售主要依靠由专业合作社和加工企业收购后鲜销或加工出口，部分养殖户会自制贻贝干品等待经销商上门收购。这样的经营方式既无专业营销人员，也不了解市场动态信息，在市场营销中处于被动地位。而且，由于缺乏专业营销人才，如果盲目试水电商行业，有可能取得适得其反的效果。

图7-4　舟山带鱼宣传海报

四、贻贝安全问题

1. 贻贝监测

食品安全是关乎国计民生的大事，也是决定产业兴衰存亡的关键，"纯天然、无污染"一直以来都是嵊泗贻贝畅销的关键因素。但是近年来随着当地水产加工业的发展，许多加工企业将加工废水直接排放到海里，长此以往将会导致养殖海域海水富营养化，海水环境恶化；贻贝壳粉碎处理工艺太过简单，对空气和周边海水环境也带来不良影响。

在2007—2009年枸杞海域被划为Ⅰ类生产区，近几年Ⅱ类生产海域逐渐增加，反映了养殖海区海水环境正在不断恶化。目前嵊泗海域水质主要污染物为活性磷酸盐、无机氮、汞和COD，2014年，在靠近污染源的近岸养殖海域发现有贻贝死亡的现象，海域环境的恶化大大增加了贻贝养殖安全隐患，必须引起足够的重视。据FAO统计欧洲和北美部分国家的贻贝不同生体毒素的影响程度和范围由正在运行的监测网络充分记录，为保护公众不受腹泻性贝毒（DSP）和瘫痪贝毒（PSP）的危害进行了质量控制。PSP和DSP毒素已经在整个欧洲大陆和缅因湾被记录。但ASP（软骨藻酸）被报告的频率要低，不过在加拿大东部和北美有见报告，在西班牙、爱尔兰和苏格兰有致病并致死的报告。其造成的影响使其成为最有经济破坏性的生体毒素之一，关系着长期产业关闭和禁止销售。此外，源自尾鞭毛虫的AZP酸中毒在爱尔兰被报告会产生人类健康问题。在几个国家显示贻贝养殖巨大潜力的同时，无力控制藻毒是主要限制因素。

除此之外，对于销售的贻贝长时间存放容易变质，导致的贻贝中毒事件也时有发生，2011年宁波曾发生过淡菜中毒事件，造成50多人中毒住院；2011年福建宁德市发生部分消费者食用紫贻贝中毒事件，共168名疑似食用淡菜中毒者入院治疗，其中霞浦县122人、福鼎市46人。2017年山东日照漳州鸿运食品公司和阳江安洋食品有限公司的油浸虾类制品壳中以及在东港区秦楼街道祥冷存储厂公司生产的油浸贻贝制品，在初步检验中发现违禁和有害物质。对贻贝监测不到位不仅会危及消费者的生命安全，同时行业口碑也会大打折扣，影响贻贝的销售出口，一旦发现贻贝中毒事件，所有贻贝将会下架，并暂停销售，令加工企业和养殖者损失惨重。

2. 嵊泗贻贝质量可追溯系统

虽然嵊泗县贻贝质量可追溯系统已经成功运行，但是由于嵊泗特殊的养殖情况，系统也存在一些问题。

首先嵊泗贻贝养殖户规模小且分散，生产加工企业信息化程度不高，质量追溯体系不够健全。目前已知的只有嵊泗翔远水产有限公司进行了试点运用。因此需要尽快改进系统，使系统的使用范围扩大至嵊泗所有贻贝企业，实现可追溯性的贻贝产品加工量最大化，覆盖嵊山镇和枸杞乡所有贻贝养殖区域，实现项目成果的产业化。其次对于养殖环节，嵊泗县的贻贝养殖户有1 000家左右，养殖户文化程度不高，缺乏追溯意识。贻贝养殖方式为纯天然海水养殖，整个养殖过程不投放饵料，不使用任何药物和添加剂，除水域环境外，养殖环节不存在其他的质量安全影响因素。收购环节，每年 6—10 月贻贝成熟后，养殖户用船将捕捞的贻贝送到加工企业。企业验收合格确定收购后，不同养殖户的原料不分批次，直接混放在收购场地，出现问题时无法查找来源。收购和检测信息以纸质方式记录，效率低，不易检索查询，记录单遇水易破损。关于加工环节，嵊泗贻贝出口加工产品主要有 4 种：半壳贻贝、全壳贻贝、干品贻贝和单冻肉。4 种产品加工过程的关键控制点相同，分别为蒸煮和金属探测。关键控制点信息通过纸质方式记录。生产过程中没有批次划分，产品出现问题时无法查找来源。企业信息化程度低，工作人员软件操作技能低。企业对生产效率要求较高在 6—9 月出现用工荒状态，缺少工人。最后的销售环节：出厂检验合格后，企业用冷冻船将产品运输到宁波，用集装箱运至国外，产品去向采用纸质记录。

五、专业合作社发展问题

1. 部分合作社的创办目的不明，运行质量不高

有的合作社只是为了取得农村信用社的贷款或冲着政府可能对养殖海域进行登记确权而建社。并没有真正明确合作社的作用、目的和要求，甚至只是个空壳，并未起到带动示范和引导的作用。

2. 合作社普遍规模较小，实力较弱

目前县里合作社拥有养殖户 100 名以上的仅有 3 家。注册资本在 100 万～ 200 万元的仅 4 家，实力偏弱，融资能力不足，难以对资金、技术、人才等各方面进行整合利用，业务范围仅仅局限于收购和销售贻贝范围内，产业链短。

3. 合作社内部管理不够规范

制度不健全，很多合作社自从成立后甚至不曾开过一次社员大会，也没有设立成员代表大会、理事会等机构，即使设立了也只是流于形式。合作社内部运作由领导或股东说了算，部分合作社甚至在开拓市场时不考虑养殖户的利益，低价倾销，不仅有损养殖户的利益，也影响了贻贝产业的整体利益。

4. 合作社养殖户参保意识低，养殖保障不一

部分养殖户的参保意识较低，对养殖保险关心不足。根据舟山市海洋与渔业局组织调研团队赴嵊泗县开展贻贝养殖专题调研显示，2014 年枸杞乡水产养殖保险参与户

数只有 2 户，占全乡养殖户的比例为 0.1%，在经历了 2015 年台风"灿鸿"的重创之后，养殖保险对参保养殖户进行了灾后理赔，一定程度上降低了养殖户的损失，使得养殖户养殖保险意识有所提升。另外相较于淡水渔业以及其他农业保险，渔民的养殖保险成本较高，财政补助资金略低，加之贻贝养殖设施更新换代后较之前的更为牢固，养殖户投保积极性依旧低迷。

六、日照贻贝产业和嵊泗贻贝产业的对比分析

目前我国贻贝养殖蓬勃发展，山东日照和浙江舟山作为我国目前贻贝的主要产区，积极拓展贻贝产业，尤其在山东日照，海产品中堪称最便宜的贻贝已经形成一个超过 10 亿元的产业集群，并成为我国最大的养殖和加工出口基地。我国贻贝年产量 80 万吨，其中日照的年产量为 50 万吨，因此日照也被称为我国贻贝产业的"风向标"。从 2008 年至今，在出口的带动下，日照贻贝的产量连年翻番，现在日照有 11 家贻贝加工出口企业以及多家内销企业，产品出口到俄罗斯、乌克兰、韩国、美国等地，2010 年贻贝产量达到 50 万吨，仅贻贝原料销售就超过了 10 亿元。如果加上包装、运输、采捕、加工出口等，贻贝已发展成为日照海洋经济重要的新兴产业，2011 年达到了 2500 多吨。近几年日照不仅是全国最大的贻贝养殖和加工出口基地，而且产品品质和价格极具竞争力。2010 年日照市全市共有从事贻贝养殖的合作社 15 家，社员 387 户，贻贝养殖面积 8.3 万亩；贻贝养殖方面的协会 3 家，会员 189 个，贻贝养殖面积 8.8 万亩。专业合作社和协会已经覆盖了全市 90% 以上的贻贝养殖户和养殖面积。2014 年日照市直接出口贻贝产品 4270.5 吨、货值 820 万美元，出口 22 个国家和地区。近年来，日照检验检疫局不断加大对贻贝出口企业的帮扶力度，到 2014 年底，日照共有 17 家加工厂、10 家养殖场获得出口备案资格。出口市场涵盖俄罗斯、韩国、乌克兰、墨西哥、南非、沙特阿拉伯等 22 个国家和地区。据了解，国内贻贝消费主要以鲜活产品为主，但由于贻贝的收获期集中，导致贻贝的销售半径受气候影响较大，贻贝养殖难以形成规模。日照检验检疫局在推动东港区、岚山区出口食品质量安全示范区建设过程中，将贻贝养殖、加工作为重要内容，着力培植出口加工龙头企业和规模化贻贝养殖场。

同时，为了增加贻贝价值，日照市大力推动厚壳贻贝的养殖。在当地政府的带动下，日照欣彗水产育苗场依托自身标准化养殖基地，聘请浙江省育苗专家顾少祥老师，引进成品种贝于 2014 年 10 月中旬开始准备育苗工作，截至 2015 年，育苗池内总存苗量在 30 亿颗左右，并已有幼虫成功附着于附着基上，附着量约 3 亿颗，大小已生长

到 1 毫米左右，预计全年育苗量达 10 亿粒。厚壳品种个大、肉嫩，平均产量是普通贻贝的 2 倍，且适宜加工出口，价格是紫贻贝 5 倍左右，因此日照大力发展厚壳贻贝养殖是日照贻贝产业更上一层楼的契机。

相比日照，嵊泗贻贝养殖也逐渐走向产业化道路。2012—2014 年，嵊泗贻贝养殖面积分别达 1.62 万亩、1.84 万亩和 2.24 万亩，年均增长 14.2%；产量分别达 6.96 万吨、7.54 万吨和 8.26 万吨，年均增长 20.2%；产值分别达 1.08 亿元、1.19 亿元和 1.82 亿元，年均增长 24.3%。自 2008 年，舟山市海洋渔业局科技攻关团队在枸杞海域取得了小规模实验性育苗的成功，解决了厚壳贻贝养殖苗种问题，自此，嵊泗县厚壳贻贝趋规模化养殖格局基本成形。2014 年，养殖面积超过 0.60 万亩，产量、平均收购价和产值分别约为 2 万吨、0.65 万元 / 吨和 1.1 亿元，比 2011 年分别增长 1.5 倍、57.1% 和 1.9 倍，年均分别增长 36.3%、16.2% 和 42.5%。

嵊泗贻贝在品质口感上都优于日照贻贝，备受国内外食客的青睐。2014 年，嵊泗紫贻贝实现鲜销量 0.61 万吨左右，比 2011 年增长 32.6%，年均增长 10.0%，其中，2013 年得益于杭州和沈家门市场需求量的增长，紫贻贝鲜销量比上年增长 18.8%，超过年均增速；鲜销价格则一直稳定在 0.22 万元 / 吨左右。而厚壳贻贝的鲜销，2011—2014 年三年间销售趋势递增明显。2014 年实现销量 1.12 万吨左右，比 2011 年增长 1.5 倍，年均增长 36.5%；从厚壳贻贝鲜销价格看，2014 年价格达到 0.82 万元 / 吨左右，比 2011 年增长 86.4%，年均增长 23.1%。

2012 年嵊泗县贻贝鲜销团队搁置争议，共负盈亏，抱团进军贻贝鲜销市场，共同对抗温州、台州等地贻贝的市场竞争，销量及其价格大幅增长；2013 年延续了上年良好的鲜销形势，发展比较稳定；2014 年由于福建等地进一步加大冷冻贻贝加工量，促使嵊泗县厚壳贻贝鲜销价明显上涨，鲜销量稳步增长。2012 年，嵊泗县贻贝出口量 1261 吨，出口额 282 万美元，比 2011 年分别增长 1.2% 和 3.7%，出口量和出口额分别占水产品总出口的 54.7% 和 45.3%，出口国家和地区达到 7 个。其中韩国为嵊泗贻贝主要出口国，实现出口量 507 吨，出口额 94 万美元。南非位居贻贝出口量第二，实现出口量 227 吨，出口额 64 万美元，比上年分别增长 77.8% 和 57.6%。乌克兰位列第三，实现出口量 216 吨，出口额 44 万美元，与上年基本持平。2013 年，嵊泗县贻贝出口量 1 292 吨，出口额 295 万美元，同比分别增长 2.5% 和 4.6%，出口量和出口额分别占水产品总出口的 78.4% 和 73.6%，出口国家和地区达到 10 个。俄罗斯一跃成为 2013 年嵊泗县贻贝主要出口国，实现出口量 511 吨，出口额 94 万美元，比上年均增长 1.7 倍。台湾位居贻贝出口量第二，实现出口量 266 吨，出口额 96 万美元，比上年分别增

长 5.5 倍和 5.9 倍。韩国居第三，实现出口量 238 吨，出口额 44 万美元，比上年分别下降 53.1% 和 56.4%。2014 年，由于受到卢布贬值和台湾市场饱和的影响，全年贻贝出口量为 864 吨，出口额 225 万美元，同比下降 33.1% 和 23.7%，出口量和出口额占水产品总出口的比重比 2013 年分别回落 15.2 个百分点和 17.8 个百分点，出口国家和地区减少至 6 个，出口严重受阻。

目前，俄罗斯仍作为嵊泗县贻贝主要出口国，实现出口量 457 吨，出口额 91 万美元，同比分别下降 10.6% 和 3.2%。台湾位居贻贝出口量第二，实现出口量 206 吨，出口额 91 万美元，同比分别下降 22.6% 和 5.2%。韩国居第三，实现出口量 133 吨，出口额 24 万美元，比 2013 年分别减少 44.1% 和 45.5%。

由于嵊泗贻贝在质量上的口碑，在国内主要销往广东、福建、上海等地，产品以颗粒贻贝和干品为主。2012—2014 年，颗粒贻贝国内销量呈逐年递增趋势。其中，2012 年增幅最高。三年间嵊泗县加工企业积极应对 2011—2012 年因山东颗粒贻贝产量大、价格低带来的销售危机，使颗粒贻贝销量大幅增长。嵊泗县及时采取扩大舟山、宁波等地配菜市场份额的措施，有效保障销量回升。颗粒贻贝售价起伏不大，基本稳定在 1.20 万元 / 吨左右，尽管与 0.90 万元 / 吨左右的山东颗粒贻贝售价相差近 3000 元 / 吨，但由于嵊泗县颗粒贻贝在质量方面明显占优，再加上销路稳定，订单充足，因此，颗粒贻贝库存销售的前景较明朗。2012—2014 年，干品市场稍有起伏，干品销量最高年份为 2013 年，市场最高价格为 4.40 万元 / 吨左右。经嵊泗县经济和信息局调研，2013 年，嵊泗干品占全国市场份额为 60.1%，超过嵊泗县能够获得的干品市场最高份额 10.1 个百分点，市场饱和导致 2014 年干品销量大幅下降，价格最低跌至 3.10 万元 / 吨左右，利润空间被压缩，企业和个体户干品生产积极性降低。2009 年，嵊泗率先申报了国家地理标志产品 "嵊泗贻贝"，到 2010 年嵊泗县共有养殖户 800 余户，养殖面积达到 2.2 万亩，贻贝加工企业 25 家，有规模的贻贝产品加工生产线 15 条，虽然产业化已经初具雏形，但是相较于日照便利的地理位置，嵊泗在贻贝产品运输上的弊端显而易见，同时由于舟山的贻贝在 7、8 月份收获，正值台风较多、苍蝇遍地的季节，产量受台风等季节性影响较大，价格忽高忽低极不稳定，采捕、加工环节也很难避免被苍蝇污染，且贻贝鲜活期较短，只能加工后再卖。相比之下，日照的贻贝在 1—3 月份收获，正值寒冬，既不会受台风影响也没有苍蝇，而且贻贝能活 6 天左右，用汽车运到东北还是活的，既可鲜品销售也可销售加工后的产品。更关键的是，舟山的贻贝养殖分散在各个小岛上，养殖、采捕都得靠船进进出出，增加了人力、物力成本。日照是沿海养殖，成本较低。而日照现存部分以个人为主的贻贝养殖在采捕、加工等环节存在质量安全隐患，如大量的贻贝去壳场所是小作坊，清洗、加热、去壳、冷却降温、包装、产品质量检测等环节，缺乏相应规范的质量管理，产品安全检测管理不到位。因此无论是嵊泗还是日照要想继续把贻贝产业做大做强都还需要攻克许多难题。

表7-4 日照贻贝和嵊泗贻贝

名录	日照	嵊泗
养殖面积	8.8万亩	2.4万亩
位置与交通	海区位置近海，养殖聚集，距离部分大城市水产市场近，交通便利	海区位置优越，养殖区较分散，距离陆地较远，运输时间上不占优势
养殖户 合作社 养殖或加工企业或生产线	合作社15家，社员387户，贻贝养殖面积8.3万亩；贻贝养殖方面的协会3家，会员189个，专业合作社和协会已经覆盖了全市90%以上的贻贝养殖户和养殖面积。多于11家贻贝加工出口企业以及多家内销企业	贻贝养殖协会1家，到2014年，全县养殖户已达到1000余户，专业合作社数量达30多家，入社成员达五百多户。加工企业共有50多家，其中规模较大的贻贝加工企业7家，全县拥有规格不等的自动化加工生产线12条，贻贝加工蒸煮生产线共有16条，单冻生产线共8条，脱壳生产线共8条。嵊泗养殖较分散，且专业合作社覆盖率较低
贻贝种类	主要紫贻贝 厚壳贻贝	紫贻贝、厚壳贻贝、翡翠贻贝
采收季节与灾害状况	1—3月份 基本无台风等灾害，相比之下，日照的贻贝在1—3月份收获，正值寒冬，既不会受台风影响也没有苍蝇，而且贻贝能活6天左右，具有一定的优势	8—10月份 舟山的贻贝在7—10月份收获，正值台风较多，温度较高的季节，采捕、加工环节也很难避免被苍蝇污染，且贻贝鲜活期较短，只能加工后再卖
鲜销	东北地区、北京、河北、江苏等地	广东、福建、上海、浙江等周边
出口	俄罗斯、韩国、乌克兰、墨西哥、南非、沙特阿拉伯等22个国家和地区	产品远销韩国、日本、南非和俄罗斯等20多个国家和地区

第八章

促进嵊泗县贻贝产业
发展的对策和建议

贻贝养殖之于嵊泗，是关乎民生、经济、发展等各方面的重点，是海水养殖支柱产业之一。积极引导嵊泗贻贝养殖产业实现健康可持续发展具有重大意义，因此从微观的角度，嵊泗县如果牢牢把握住"嵊泗贻贝"这个金字招牌，需要从养殖、加工、销售、政府管理和合作社管理这几个方面齐心协力；从宏观方面，政府和企业必须从创新入手、完善机制、培育人才，使贻贝养殖做到有保障、有技术、有人才，抓住"互联网＋"这个机遇，将嵊泗贻贝产业做大做强。

一、贻贝养殖方面的建议

贻贝的养殖是贻贝产品加工销售和品牌的出发点，是贻贝产业成功的关键，对于贻贝养殖的对策和建议主要是攻关育苗，品种多元，科学养殖，积极抗灾等四个方面。

1. 加强育苗技术攻关，努力实现标准化育苗

自从 2008 年厚壳贻贝育苗技术的成功突破后，嵊泗县几家育苗企业为该县贻贝养殖户提供了大量的厚壳贻贝苗种，但是由于育苗技术不成熟，苗种数量和品质没有保障，严重制约着嵊泗贻贝产业的发展；虽然早在 20 世纪 80 年代嵊泗县就已成功突破紫贻贝育苗技术关，但是由于紫贻贝育苗成本太高，因此直到今天，嵊泗县紫贻贝苗种来源依然主要依靠从北方购入，运输成本昂贵而且苗种的数量和品质没有保障。针对嵊泗县内紫贻贝和厚壳贻贝苗种生产现状，因此必须紧紧以浙江海洋大学、浙江大学、各级水产科研院所等科研机构为技术依托，走"产、学、研"结合的道路，加大科研技术投入，继续加强紫贻贝、厚壳贻贝人工育苗技术的研究，提高苗种的存活率，保证苗种数量充足，严格实行贻贝育苗生产规范，早日实现标准化育苗。把控好苗种生产这一产业上游关键环节，对当地贻贝产业的发展具有重要意义。

2. 提高养殖专业水平，实现养殖品种多元化

依托嵊泗天然无污染的海域环境和 20 多年的贻贝养殖经验，贻贝的品质在全国首屈一指。由行业主管部门牵头，组织养殖户集中进行学习培训，指导养殖户合理调整包苗密度，力求改变目前颗粒偏小的现状，提高贻贝得肉率和饱满度。积极效仿广东等地发展新西兰翡翠贻贝养殖，在养殖品种上实现多元化、差异化。养殖技术人员应进一步学习掌握嵊泗海域的翡翠贻贝苗种附着技术和海上浮式养殖技术，规范各项技术流程，扩大养殖品种范围。引进新品种，学习新技术，实现养殖品种多元化。近几

年来，新西兰翡翠贻贝逐渐打入国内大中城市高端市场，身价非凡，鲜品售价高达每千克60元人民币。广东等国内其他贻贝养殖地纷纷开始引进养殖这一品种。嵊泗县也应该积极效仿，派专业的养殖技术人员赴外地考察学习翡翠贻贝的养殖技术，通过试点示范的方式逐步引进翡翠贻贝，丰富养殖品种，合理安排养殖品种结构，实现嵊泗贻贝养殖品种的多元化，这样有助于规避行业风险，也有利于贻贝产业的可持续发展。

3. 科学生态养殖

学习先进养殖技术

针对嵊泗贻贝品质不稳定的现状，一方面应该加强优质苗种的培育，另一方面则要学习先进的养殖技术和经验，由各级渔业部门安排组织，请专业养殖技术推广人员通过定期举办科技讲座或进行现场指导，教授养殖户学习先进的养殖技术，以提升贻贝品质，提高贻贝的饱满度和出肉率。

科学评估养殖容量，合理养殖

每年到贻贝养殖的季节，应该由专业养殖技术人员评估海域的养殖容量，制定科学合理的养殖计划并严格执行，改善因盲目扩大贻贝养殖规模、增加养殖密度而导致的贻贝个体偏小、品质欠佳的现状，以达到提升贻贝品质、保护"嵊泗贻贝"品牌的目的。图8-1为嵊泗贻贝浮筏养殖。

图 8-1　嵊泗贻贝浮筏养殖

实行贝藻套养，实现生态化养殖

贻贝适宜生长在海域中上层的位置，以海水中的有机碎屑和浮游生物为饵料，对光照条件要求不高，而藻类对光照条件要求高，适宜生长在海水的表层。贻贝新陈代谢产生的氮、磷会导致海水富氧化，藻类会吸收这些物质，因而可以利用这种差异性同时进行贝藻的养殖，使贻贝和藻类同殖同存，有利于促进生态平衡，提高综合经济效益，促进嵊泗县海水养殖走高效精养的道路。

4. 积极应对自然灾害，增强抗灾能力

加强抗风浪设施和技术的研究

截至目前，台风灾害的强度依然是影响嵊泗贻贝产量和效益的关键性因素，养殖户依然没有摆脱"靠天吃饭"的命运，目前还没有任何一家科研机构或单位研究出一种可靠有效的抗台技术，因此相关部门及科研机构应该对此给予重视，加大投入，争取早日研制出能有效抗击风浪的设施设备（图8-2）。

图8-2　台风

成立抗台应急小组，组建一支收割骨干队伍

由政府及各级渔业主管单位牵头成立抗台应急小组，在灾害多发的季节加强与气象部门联系，随时密切关注气象状况，提高台风灾害预警能力，负责制定和实施切实可行的抗台方案；当台风来临时，由于收割能力有限，常常因为抢收不及而造成重大损失，因此建议有偿召集当地及周边地区的劳动力，组建一支贻贝收割骨干队伍，并进行相关培训和演习，提高收割能力。在台风来临时能迅速调动起来进行高效抢收，从容应对台风灾害，把损失降到最低。

推行特色养殖保险，加强风险规避措施

目前嵊泗县内由浙江省渔业互保协会实施的养殖保险条款中，对贻贝的收割时间限定严格，渔业互保条件较苛刻，再加上当地养殖户保险意识比较淡薄，应引入保险机制，从而提高养殖户抵御自然风险的能力，帮助他们减轻损失，及时进行灾后重建，保证当地贻贝产业的顺利发展。

二、加工建议与对策

贻贝的加工，需要保证鲜销、力争出口；产品多元，产出特色；提升附加值，形成产业；机械生产，节约成本（图 8-3）。

1. 强化贻贝鲜销品质，保障出口质量

（1）当地贻贝养殖合作社要发挥领头羊作用，依托减免税收等政策优势，加大对鲜销船只制冷设备改造的资金投入，完善基础设施，提高贻贝鲜销新鲜度。

（2）缩短鲜销运输距离，积极实现开通"枸杞—上海（水产品交易市场）"新路线，将贻贝到达目的地的时间缩小到 10 小时之内，保证贻贝存活率，提高鲜销利润率。

图 8-3　贻贝的检测

2. 大力开发贻贝食品，实现加工产品多元化

嵊泗县贻贝产品单一，主要以粗加工为主，无论与大黄鱼、小黄鱼、鱿鱼等市场上同类海水产品比较，还是与县外主要贻贝加工产品比较，都存在较大差距，产品过于单一，精深加工严重不足，都严重阻碍了贻贝产业的发展。因此企业必须通过考察国内外水产品加工市场、学习先进的加工生产技术等方式改造传统的加工格局，拓展

加工思维，提高产品的自主研发能力，充分发挥嵊泗贻贝品质优良和营养丰富的优势，走精深加工的道路。一方面，积极改造升级传统贻贝产品，开发研制烟熏贻贝、油浸贻贝、贻贝真空方便小食品等休闲食品和海鲜调味包、海鲜酱油等以贻贝为原料的调味品等，实现产品差异化生产。另一方面，充分利用贻贝的药用价值和保健价值，加强功能性食品如贻贝液等的开发，以求达到产业深层增值，实现贻贝产品多元化、功能化、现代化。

3. 提高贻贝附加值，延伸产业链

为了进一步提升贻贝价值，延伸贻贝产业链，政府及各养殖加工企业应当密切关注贻贝科研项目并及时跟进合作，发挥浙江省高校群集、科研院所林立的优势，加快科技成果转化为生产力。对新西兰翡翠贻贝、西班牙贻贝等颇受市场欢迎的新品种进行收购加工，扩大加工品种范围，促进新兴市场开拓，应对激烈的市场竞争；在引进新品种的基础上，积极改造以生产冻品和干品为主的传统加工格局，开发研制烟熏贻贝、贻贝液等新产品，拓展加工新思维，实现产品多元化。进一步推进"贻贝脂溶性抗炎活性物质的研究和开发"项目，加快厚壳贻贝中抗炎活性物质萃取，提升贻贝药用价值，改变贻贝粗放加工和附加值低的现状。继续大力推进《具有抗炎活性的贻贝提取物软胶囊的制备及产业化生产》项目，加快贻贝抗炎胶囊的生产进程；积极联络和跟进中国科学院关于"从贻贝足丝中提取贻贝黏蛋白用于眼科手术缝合线"的研究项目；继续与产品研发公司加强关于"贻贝壳变废为宝"项目的研究，生产土壤改良剂、饲料添加剂及无公害清洁剂等新型产品，发展循环经济。利用当地贻贝资源优势，消化和吸收科研新技术，提高自主创新能力，提升贻贝高值化利用水平，改变贻贝粗加工和附加值低的现状，进一步延伸贻贝产业链，提高经济效益。

4. 提高机械化生产水平，节约生产成本

2011 年，嵊泗华利水产有限公司引入了自动脱壳机，大大提高了生产效率，但是，这种脱壳机的功能仅限于两壳全脱，因此只适用于对紫贻贝加工制成颗粒贻贝时的脱壳处理，厚壳贻贝加工制成半壳贻贝时仍然需要人工剥壳，到加工旺季劳动力需求旺盛时，企业须从安徽等地雇用大量劳动力进行加工，人力成本昂贵。据嵊泗华利水产有限公司董事长於定华先生赴新西兰考察时发现，当地贻贝加工生产设备十分先进，贻贝的养殖、收割、加工各个环节机械化操作水平较高，大大节约了时间和劳力成本。因此应该积极向先进国家和地区学习，通过实地考察研究，继续加大资金和科研投入，研发和引进先进设备机器，以促进企业的机械化生产水平进一步提高，以此节约企业

生产成本，提高企业经济效益。提升养殖产业经济效益的建议与对策，养殖产业包括贻贝养殖和鲜销，是整个产业链健康发展的重要前提，养殖户应进一步调整探索，提高养殖水平，拓展鲜销市场。

三、贻贝销售对策

1. 培养本地营销人才，创新产品营销模式

（1）加强对本地营销人才的培养重用，以实现降低人才流失率和增加贻贝销量的双重目标。企业要通过挖掘对口专业的毕业生和引进经验丰富的营销人员，力求及早发现并规避销售隐患和困境。

（2）建立一套与企业自身宗旨相吻合的营销战略，在面向市场的过程中重点关注企业自身优劣势分析和可能存在的问题预测等，把营销真正放到企业战略这个层面上去思考，并最终作为指导企业面向市场销售的方向和准则。

（3）在巩固夯实传统销售模式的基础上，进一步拓宽创新销售渠道，将现代销售理念运用到贻贝销售中，实现扩大销售市场的目的。比如，通过在淘宝网开网店、在京东开旗舰店等方式进行网上销售，同时还可以通过微购模式，降低销售成本，增加销售业绩。

2. 加强对国内外市场的开发关注

（1）目前，由于嵊泗县约95%的半壳贻贝都用于出口，因此，加工企业要密切关注国际市场动态，实时跟踪外币汇率变动，争取及时调整半壳贻贝出口策略，消化当前库存。

（2）由于多次开拓重庆、成都等内陆市场均以失败告终，企业要总结经验教训，有针对性地发掘有相似饮食习性的沿海市场消费人群，争取扩大半壳贻贝的国内销量，减少对国际市场的依赖程度。

四、政府管理的建议

1. 加强政府宏观指导，完善产业管理

加大政策扶持力度

各级政府应当积极制定出台相关优惠政策并加以落实，以保障产业顺利发展。根

据每年贻贝销售情况，因时制宜认真落实税收减免政策，为贻贝养殖户减免税收；同时也要对企业加大金融扶持的力度，帮助企业在资金周转不灵时渡过难关。一方面，通过向农村信用合作社贷款向加工企业提供资金扶持；另一方面可以效仿其他城市，通过各银行成立"小企业业务部"和"小企业金融服务中心"等帮扶机构组织，推出适合嵊泗县加工企业的信贷产品，在下半年贻贝加工季到来之时帮助企业注入足够的资金以走出困境。

设立产业发展专项基金

产业的发展，如果没有充足的资金支持，往往会发展缓慢甚至停滞不前，为了推动嵊泗贻贝产业健康持续的运行和发展，财政部门应当设立贻贝产业发展专项基金，用作科技投入、增强养殖配套基础设施、完善交通运输设施、养殖户补贴、企业补贴、海水环境治理等方面，以帮助贻贝产业顺利运行。

适时加强干预，引导各方共同协作

由于市场的自发性和复杂性，当加工企业与养殖户之间的相互约束机制失灵时，会导致恶性竞争频发，市场出现无序混乱的局面，严重阻碍当地贻贝产业的发展。所以政府应该适当加强对市场的监管和干预，引导养殖户与加工企业之间、各加工企业之间建立亲密协作的利益共同体关系。养殖户与加工企业可以建立长期合作关系，养殖户以稳定的价格出售贻贝给加工企业，加工企业以较低的成本收购品质有保证的贻贝为原材料，这样就建立了良好的上下游合作关系；企业之间应该避免恶性竞争，加强关于贻贝精深加工、生产技术方法等的交流，共同商议制定贻贝收购和销售的价格区间等，建立良好的同盟关系，共同抵抗县外竞争，实现风险共担、利益共享、优势互补，最终实现共赢。

2. 注重市场培育，构建合理营销模式

积极开拓空白市场，扩大营销网络

嵊泗贻贝在国际市场上久销不衰，产品大部分主要用于出口。相比之下，国内市场稍显冷清，依然主要集中在舟山、上海、宁波等周边地区，国内许多主要城市和地区依然一片空白。近年来随着国内大众生活水平的提高，贻贝丰富的营养价值为越来越多的人所熟知，加上当前国际经济形式不明朗，嵊泗当地政府和企业更应该把握机会，看到贻贝国内市场的广阔前景，以拓展内需市场为主，有重点、有层次地进行合理规划布局，逐步建立起遍布全国的营销网络，减少对出口市场的依赖。第一，在巩

固浙江省及周边市场的基础上，通过市场调查选准市场开发方向，努力向北方市场延伸，把重点放在喜食海鲜的沿海地区进行大力推广。第二，采取在北京、天津等经济发达的主要城市设立直销点、招募销售代理等方式，由点到线再到面逐步扩大销售网络。第三，在市场推广时要因地制宜，针对不同地区的饮食习惯开发口味各异的贻贝产品，如在川渝地区销售推广时，可以研发"麻辣贻贝"真空小食品，或大力推广冻煮颗粒贻贝作为火锅配菜原料等；在北京、上海、广州等一线城市加强与高档餐厅的合作，扩大贻贝海鲜配菜市场份额。

引进和培养专业营销人才，创新发展多种营销模式

企业要加强对专业营销人才的培养和引进，分析企业自身的优势及弱点，建立一套与企业自身情况相吻合的营销策略作为指导企业销售的准则，把营销放到企业战略这个层面去对待和思考，这样在面向市场时才能有的放矢，有效地规避销售隐患，在遇到销售瓶颈时，也可以及早走出销售困境。在夯实传统销售模式的基础上，企业应该进一步拓展新型的销售渠道，顺应市场的要求，加强与电商平台的合作，充分利用线上交易的成熟和便利来扩大贻贝销售市场。比如，可以通过在淘宝网、京东网、1号店、中粮网等网络电子交易平台开店进行线上销售，发展电商销售渠道。另外，随着我国冷运物流的快速发展，一站式生鲜冷链物流已日益成熟，这更为线上鲜销贻贝提供了可能，通过线上销售就能使远方的消费者吃到刚收割好的新鲜贻贝。新兴的营销模式不仅可以扩大贻贝市场，而且大大降低了成本，有利于销售业绩的大幅提升。2015年9月，嵊泗县枸杞乡金盟养殖专业合作社在互联网上开展贻贝养殖"格子地"认购模式，把养殖海域分51块"格子海"，然后将贻贝以串为单位在网上销售，每串价钱555元，由网民自主认养贻贝。据统计，短短几天内，网上下单认养贻贝的顾客就达300多人，活动的关注热度持续不退，取得了不错的反响。这一养殖模式充分利用了嵊泗作为旅游胜地的优势，创新了贻贝多年来的传统营销模式，活动充满了趣味性、教育性和实践性，因此，吸引了众多消费者，这种新型的营销模式值得其他各养殖专业合作社和养殖户积极效仿。同时各养殖单位应该积极策划更多形式多样的营销模式，如可以引导消费者通过微信朋友圈或新浪微博等社交平台分享和推广所认养贻贝的生长状况和动态；组织嵊泗"贻贝主题游"活动，设计自助环节，让游客亲临贻贝养殖基地，品尝和购买亲自收割采摘的贻贝等。营销模式的多元化可以为"嵊泗贻贝"的推广和销售注入新的活力，进一步提高"嵊泗贻贝"的知名度，也有助于养殖户实现增收。

3.宣扬贻贝文化，推行产品品牌化

宣扬贻贝文化，开发贻贝特产

由当地政府、企业、行业协会等相关单位和组织，联合举办贻贝文化节，贻贝美食烹饪大赛，组织和参加各类渔业展会，同时要充分利用网络、电视、报纸等各种渠道和手段宣传贻贝的营养价值、药用价值、保健价值、食用方法以及著名菜式等，充分挖掘贻贝的文化内涵来包装宣传嵊泗贻贝，使其成为推动嵊泗县贻贝产业发展的载体。同时充分利用嵊泗列岛风光秀丽，游客众多的条件，结合当地贻贝资源优势，针对性地开发口味各异的贻贝特产和贻贝壳工艺品等当地特色产品，宣扬贻贝文化，把"观海景"和"买海货"紧紧联结在一起，向来自五湖四海的游客推销贻贝，不仅有利于扩大销路，同时也不失为一种极好的宣传手段。

瞄准中高端市场，创建知名产品品牌

"嵊泗贻贝"地理标志集体商标的成功注册为嵊泗县贻贝产业打开了全新的局面，但是仅仅依靠这块金招牌还远远不够，各专业合作社和加工企业品牌建设力度不足，县内贻贝产品至今没有一个真正响彻全国的品牌。随着人民生活水平的提高，消费者对品牌的要求也越来越高，信任品牌的心理也不断加强，贻贝知名品牌的建设迫在眉睫。嵊泗贻贝品质优良，具备了进入中高端市场的先决条件，因此，企业应该在巩固已有销售市场的同时加大投入、重点建设嵊泗贻贝精品品牌，大力开拓贻贝中高端市场，提高嵊泗贻贝的消费档次，以高标准、高起点研制、生产、加工出品质上乘、质量安全的产品，打造优质特色贻贝产品，赢得消费者有口皆碑的认可，逐步实现由本地化到国内化再到全球化。只有走中高端品牌路线，才有明显的市场竞争力，才能在激烈的竞争环境中求得生存，这是企业和整个贻贝产业发展的必经之路。

图 8-4 嵊泗县被授予中国贻贝之乡的美誉

4. 打通销售关节，积极应对市场变化

按质论价收购，分等级加工销售

企业应该重视贻贝原材料的品质，制定严格的产品质量等级标准，收购和加工销售均按质论价，实行产品分级制度，采用优质高价、劣质低价的基本策略，细化贻贝目标市场，不仅有利于不同的消费群按需选购，而且更有利于整顿贻贝销售市场，防止和避免产品质量层次不齐，以次充好现象的发生，保护好"嵊泗贻贝"这块金招牌，提升"嵊泗贻贝"的整体形象，促进贻贝市场的良性发展。

完善市场预警体系，提高应变能力

相关职能部门、贻贝行业协会、加工企业应该发挥各自优势联合起来建立信息动态机制，完善市场预警体系。应该时刻瞄准国内和国外两个市场，关注市场动态，并进行分析和研究，及时帮助企业制定合理的销售策略；同时指导养殖户合理规划下一年的养殖计划，根据市场需求确定紫贻贝和厚壳贻贝的养殖比例，引导产业科学布局；同时，也要密切关注国际经济形势的动态和走向，实时跟踪外币汇率变动，提高应变能力，以及时调整出口策略，有效规避风险，防止产品积压增加库存。

完善基础运输设施，合理规划运输路线

贻贝的新鲜度直接决定了贻贝的品质和售价，交通运输问题对贻贝的鲜销影响极大。针对嵊泗贻贝目前存在的交通运输线路和运输时间漫长，贻贝新鲜度没有保证的问题，建议如下：

（1）当地贻贝养殖合作社可以利用税收优惠、贷款等相关政策优势，增加资金投入对运输轮船的制冷保鲜设备进行升级改造，通过完善运输设备设施等方式保证鲜销贻贝的品质。

（2）重新规划运输路线，积极开通新路线，如"枸杞—上海水产品交易市场"，可以大大缩短运输时间，提高贻贝的存活率，从而提高了鲜销贻贝的利润率。

（3）有关部门可以加大扶持力度，在贻贝外销集中的月份，增加航班班次，对贻贝运输开通绿色通道，以提高贻贝运输的效率，保证贻贝新鲜度。

建立信息动态机制，引导产业科学布局

（1）相关职能部门要发挥信息资源优势，及时将国内外贻贝市场的发展动态进行分析、研判，集中精力帮助加工企业制定销售策略，同时，合理规划企业未来的发展前景。

（2）发挥行业协会桥梁和纽带的作用，将其打造为能够促进贻贝加工产业发展的

重要平台，及时传递各种关于加工技术更新和销售市场变化的最新动态，加强企业对贻贝需求的预判。

（3）加工企业要发挥主观能动性，提倡把主动发现信息、搜集信息作为一项日常工作来做。从短期来说，能够成为解决当前销售困境的重要推手；从长远来看，能够持续跟进市场需求变化动态，以便及时结合企业自身情况进行加工和销售战略调整。

5. 加大保护与监测力度，保证贻贝质量安全

加强海洋执法力度，保护海域环境

面对每况愈下的海水环境，政府及有关部门应当加强用海执法力度，保护海域环境，对向海洋排放污染物的企业，应加大惩罚力度，予以严厉查处并责令其整改。把保护海洋环境放到至关重要的位置，着重对企业进行宣传教育，号召全民保护海洋环境。海水环境的质量直接决定了贻贝的安全和质量，也决定着整个嵊泗贻贝产业的存亡。

加强海区水质环境监测，建立预警机制

对海洋污染问题随时保持高度警惕，建立海洋环境预警机制，对养殖海区的水质环境进行实时监测，及时反馈并做好应对措施。必须从源头上着力，加强海水质量监测和保护、提高治理海洋污染的技术，避免水产品质量安全事故的发生，这是做好水产品质量安全监管的第一步。

进一步完善贻贝产品质量追溯体系，做到全面保障

食品安全关乎国计民生，就贻贝产业而言，产品的质量安全关乎产业存亡，因此，只有始终把贻贝的质量安全放在首位，并作为该产业一切生产活动的基础，产业才能得以顺利发展。除了要从源头上把关，做好海水监测和治理的工作外，同时也要建立从养殖环境、人工育苗、海水养殖、加工生产、储藏运输到产品销售的一套贯穿整条贻贝产业链的产品质量安全追溯体系，通过采用电子标记等方式保证将每个环节都纳入安全监测的范围之中，有利于保证贻贝食品的安全性，提升消费者的信任度，提高企业的信息化管理水平，增强产品的竞争力，也有助于突破国际市场贸易壁垒，增加出口机会。虽然嵊泗贻贝已经优先建立起贻贝产品质量追溯体系，但是普及范围不够广阔，因此需要积极加大力度，完善贻贝产品质量追溯体系。

加强出口与上市的贻贝监测，做到防患未然

近年来，贻贝急性中毒事件频发，暴露了贻贝食用安全的一系列问题，如微生物

超标、因赤潮而带来的毒素超标、因海水污染而引起的重金属超标等，对贻贝食用安全的监测变得刻不容缓。因此政府应在嵊泗贻贝的收获季节对其进行微生物、贝类毒素、重金属等方面的监测，对于要出口或者上市的贻贝，更应该增加监测的项目与力度，尤其是在采收的七八月份，此时天气炎热，贻贝更容易变质，不仅是对嵊泗贻贝食用安全进行有效预警，保障食品安全，同时是间接保护"嵊泗贻贝"的金招牌，对于贻贝产业有深远的影响。

6. 政府做后盾，做好保障工作

加强养殖风险规避措施和保险机制

由于嵊泗地理位置的特殊性，决定了在养殖贻贝过程中会出现台风等灾害，对此，政府应该积极采取一定的措施，保障养殖户的经济利益。由政府牵头，在县内选择几家具备开展农业保险资格的保险公司，成立县共保体，就养殖成本、养殖区域风险系数、绝对免赔率的合理区间、保险标的不同生长期的赔付比例、如何分配保费的承担比例和保险责任范围的界定，制定科学严谨的保险条款。力求形成政府支持、财政补贴、共保体保障的保险机制，为养殖户抵御风险、恢复灾后重建减轻负担，以确保养殖户的根本利益。同时除去保险以外，政府加强对自然灾害的预警，积极协调和提高对于灾害处理的能力，以及建立起一系列的灾害应急体系。

加大金融扶持力度，帮助企业渡过难关

（1）充分发挥农村信用合作社拥有独立贷款审批权的有利条件，加大对全县贻贝加工企业的资金扶持力度，为贻贝加工季注入充足资金。

（2）积极效仿先进地市，强化各银行对贻贝加工企业的扶持措施，成立"小企业金融服务中心"和"小企业业务部"等帮扶机构，推出符合本地加工企业实际的信贷产品，丰富贷款品种，解企业加工季燃眉之急。

五、合作社发展建议

1. 提倡组合养殖道路，树立做大共赢理念

（1）养殖大户和加工企业之间要通过定点收购、长期合作等方式建立密切的上下游协作关系，使得双方能够在利益共同体关系中，最大限度地获得合理的利益分配。养殖户能以稳定的价格及时出售贻贝，加工企业可以较低的成本获得有品质保证的原

材料，以此达到联合发展的目的。

（2）加工企业之间要通过贻贝精深加工技术交流，联合开拓新兴市场和协商制定当年销售价格浮动区间等方式建立互利共赢的战略联盟，从而实现利益共享、优势互补、风险共担，避免恶性竞争，充分发挥全县贻贝资源优势，强化嵊泗区域竞争力。

（3）政府、加工企业和养殖户之间要进一步规范完善三方良性互动的合作机制，以政府支持为重要支撑，以加工企业和养殖户之间的价格激励与约束机制为推手，从而推动整个贻贝产业的和谐发展，合力对抗县外竞争者，并顺应市场全面发展的潮流，规范并完善竞争机制。

2. 专业合作社要正确发挥作用，促进贻贝产业集约化发展

有关部门做好规范引导，鼓励积极办社

针对嵊泗县养殖专业合作社发展依然处在初级阶段，养殖户文化水平普遍较低的情况，基层工商等有关部门应通过定期举办培训班、发放宣传材料等方式宣传相关政策，为养殖户提供咨询服务等相关服务，鼓励渔民积极入社办社。在专业合作社登记后，应做好规范引导，通过宣传、教育提高对合作社的认识，也可以组织重要成员外出考察，到其他先进的专业合作社学习取经，以提高自身的管理水平。

扩大规模，促成合作联社发展模式

针对合作社普遍规模较小，实力偏弱的现状，应效仿台州市专业合作社组成联合社的发展模式，引导发展势头较好，规模较大的合作社强强联合成立专业合作社联合社，以求实现市场、资金、人才、技术等各项资源的整合和利用，解决合作社生存、发展、壮大的问题，共同致力于提高"嵊泗贻贝"的品牌知名度和竞争力，把"嵊泗贻贝"做大做强，抵御外来的竞争和风险。

健全内部机制，促进合作社良好运作

建立和健全合作社章程、财务管理、合同管理和理事会议事章程，并引导规范运作。坚持合作社内部管理民主制、自我服务机制、利益联结机制、自我约束机制的运作，实现合作最大化，正确发挥合作社的作用，促进合作社良好运作。

六、宏观把握大局，稳抓机遇

嵊泗县贻贝产业经过 30 多年长足的发展，产业优势十分明显，包括：悠久深厚的

历史文化优势，得天独厚的自然优势，鲜嫩肥美、绿色无公害的品质优势，影响力日益扩大的品牌优势，雄厚的技术优势和有利的政策优势。这些都为嵊泗县贻贝产业的快速稳步发展提供了良好的基础和条件。根据比较优势理论，嵊泗县当地政府部门、养殖户及加工企业应该立足于现有的优势，学会扬长避短，利用本县发展贻贝产业的一切优势条件，避免劣势，从战略层面规划贻贝产业的发展。

七、创新是引领发展的第一动力

1. 养殖攻技术

嵊泗贻贝养殖环节主要存在以下几方面的问题：第一，人工育苗技术不成熟，苗种数量和质量不稳定。第二，贻贝质量不稳定，2013 年加工 1 斤颗粒贻贝需 5 斤鲜贻贝，2014 年同期加工 1 斤颗粒贻贝需 5 ~ 5.5 斤鲜贻贝；2013 年加工 1 斤干品贻贝需鲜贻贝 15 斤，2014 年同期加工 1 斤干品贻贝需鲜贻贝 15.5 ~ 16 斤。第三，抵御自然风险能力弱，受台风影响大，2011 年的 9 号台风"梅花"使全县贻贝产量损失惨重，枸杞乡贻贝直接损失达 4 亿元。第四，盲目追求大规模养殖，影响贻贝滤食，导致贻贝质量欠佳。第五，养殖海区海水质量每况愈下，Ⅱ类生产海域增加，贻贝品质安全受到威胁。针对这些问题，主要建议如下：第一，加大科技投入，加强人工育苗技术攻关。第二，学习先进养殖技术，实行科学养殖。第三，研制有效的抗风浪设施；成立抗台应急小组，建立一支骨干抢收队伍；推行适合当地的特色养殖保险。第四，应该坚持可持续发展战略，从政策法规和技术等方面加大力度保护海域环境，确保贻贝质量安全，此乃重中之重。

2. 生产高附加值的贻贝产品

嵊泗县贻贝加工生产环节主要存在三个问题：第一，产品主要为冻煮贻贝产品和干品，以粗加工为主，加工品种单一，精深加工严重不足。第二，贻贝原料几乎全部用于贻贝食品的加工，对贻贝壳、贻贝足丝等的综合利用不足，产品附加值低，产业链短。第三，由于地处海岛，企业加工生产成本远高于山东、福建等其他贻贝主产地，造成当地企业加工利润低，使"嵊泗贻贝"在市场上失去价格优势，也不利于企业扩大生产和改进技术。对此建议如下：

第一，坚持走"产学研"结合的道路，以浙江海洋大学、浙江大学、舟山水产研究所等高校和各级科研机构为技术依托，加强精深加工力度。第二，关注并及时跟进相关科研项目及课题研究，促进科技转化为生产力，提高贻贝综合利用率，提升贻贝附加值，延伸产业链。第三，通过赴外考察学习等方式，积极引进和开发贻贝半脱壳机等先进的加工生产设备，提高机械化生产水平，节约生产成本。

3. 打通销售关节，出口鲜销两不误

嵊泗贻贝在销售环节中的问题主要表现在三个方面：

第一，随着省内温州、台州等地和省外山东、福建等地贻贝养殖技术的不断进步和养殖规模的不断扩大，贻贝出口贸易进一步发展，对嵊泗贻贝的出口市场造成严重的冲击，导致企业库存积压严重，资金周转不灵等。

第二，由于受到季节性和运输等因素的制约，鲜销贻贝品质难以保证。

第三，市场开发严重不足，销售方式太过传统，缺乏专业营销人才。

针对这一现状，建议和对策如下：

第一，建立市场信息动态机制，完善市场预警体系，以指导生产和调整销售策略。第二，利用当地贻贝历史文化悠久和品质优良等优势，推行品牌化战略，加大宣传力度，宣扬当地贻贝文化。第三，采取改进和完善基础运输设施，合理规划和积极开通新的运输路线，在贻贝收获季节开通绿色运输通道等方式保障鲜销贻贝的品质。第四，引进和培养专业营销人才；针对当前国际经济形势不明朗，出口市场受挫的现状，应该重点发展国内市场，制定由点及面，逐步扩大的国内市场战略；创新和发展线上交易和"贻贝认购"等多种营销模式。

总的来说，无论在养殖、销售还是加工上，最大的问题就是创新性不足。目前国内外关于贻贝的研究主要集中在对贻贝的生物学特征的利用研究以及对贻贝养殖、加工技术的探索等方面。笔者认为，应该从养殖、加工、销售，三位一体的创新，优化贻贝养殖手段，在现有产品的产业基础上，积极开展高附加值产品的开发和研究，拓展贻贝市场，优化产业结构、提升产业质量，实现贻贝产品的品质化、多样化、市场化，打造高质量、品牌化的贻贝产业。

4. 完善机制，保障养殖户利益

由于嵊泗地理位置的特殊性，所以对于自然灾害等问题，需要加大力度来完善保障机制。健全养殖生产组织机制，优化资源配置。首先，政府应当担当好贻贝产业链发展的"基石"与"后盾"的角色，丰富工商、渔业、质检等相关职能部门的人手和资源，加强贻贝公共配套设施和公共服务设施的建设。其次，应当切实加强村集体的

主观能动性，在生产中应积极提供各类服务，此外，龙头企业、养殖专业合作社、行业协会应当积极发挥主体功能，在生产和销售中答疑解惑，指导养殖户和加工企业开展生产等，提升各行业人员的专业知识。第三，完善养殖海域使用权承包流转机制，助推渔民增产增收。首先，完善《海域使用管理法》以及配套法规制度，明确海域产权主体，增设挂牌出让作为海域使用权的取得方式，放大村集体管理使用权限。同时，效仿农村土地流转机制，推行海域股份合作制，加强渔民海域使用权收回补偿制度，保障渔民经济收益，缓解渔民"失海，失业"的严重局势；此外，条件允许范围内，建立贻贝养殖最低保障线，设立"贻贝养殖保护区"，建立有效的海域评估机制，确保该贻贝养殖海域区域长时间不会随着海洋产业功能区划的改变而改变。第四，强化政策和金融保险支持，减少渔民经济风险。针对舟山台风、寒潮等气候特性，嵊泗贻贝产业的发展应当尽量给予政策扶持和资金补助以及加强渔业灾害保险的实施。政府应当积极联合保险养殖公司，共同参与专门人才队伍建设、保险流程设计、风险分散安排、基层体系建设、创新险种开发等，增加渔业保险保费补贴，形成"两只手"强力合作推动水产养殖保险在贻贝产业发展中的运用。同时应当积极完善渔民小额信贷和联保贷款等制度，探索应用信贷担保、贴息、抵押等方式作为经济杠杆，引导和撬动金融资本支持渔业发展，减轻渔民生产的经济风险，提高渔民生产积极性。

5. 培育人才，把握"互联网＋水产"的机遇

在十二届全国人大三次会议上，李克强总理在《政府工作报告》中首次提出"互联网＋"行动计划，明确推动移动互联网、云计算、大数据、物联网等与现代制造业结合，促进电子商务、工业互联网和互联网金融健康发展，引导互联网企业拓展国际市场。因此"互联网＋水产"可以理解为"互联网＋"人才和技术，打通贻贝产业链上游、中游和下游各个环节，使全产业链信息交互作用，消除贻贝养殖户、加工企业、运输渠道商以及市场消费间的信息不对称，让贻贝产业更良性更健康地发展。贻贝产业作为水产业之一，行业历史较久，经验丰富却积弊深重。贻贝产业的产业链上游、中游、下游中，上游短期难以改革，贻贝养殖企业、个体养殖户等过于分散，加上技术、地域等因素的多重影响，整合难度较大；中游供应商、批发商、加工商垄断渠道，对价格控制力度较强，本土化意识很强，一时难以撼动，而且冷藏保鲜技术、冷链物流水平参差不齐，影响产业配送；下游零售商控制终端，销售严重受区域限制。因此造成消费者和供应商之间的信息不对称，而且品牌建立很困难。在"互联网＋"时代，传统水产业向互联网转型迫在眉睫。因此，在当前形势下，"贻贝业＋互联网"更多是在营销策

划上表现出来，也就是水产电商的发展相对走在前面，并在探索的过程中遭遇新的问题，引发行业思考。而在上游产业，与互联网仅有一字之差的物联网，在信息化技术的推动下，开始小荷才露尖尖角，从大企业的示范性项目运用逐渐向普通中小养殖户过渡，使水产养殖更加信息化、智能化、自动化，成为水产行业"互联网+"的延伸和扩展。有业内人士指出，在国家政策鼓励和消费模式改变双重推动下，互联网发展最终会倒逼水产行业改革，所以嵊泗的贻贝加工养殖企业应该积极拥抱互联网，借助互联网思维，整合产业资源，重塑自身的商业模式，使企业在智能化、网络化、精细化和便捷化的时代背景中也能傲立桥头，独领风骚。

而在把握住"互联网+"这个契机的同时，最重要的就是培育人才。因此需要加强基层养殖团队建设，培育新型职业渔民。首先，应当立足于当前贻贝养殖的主体情况，加强当地养殖户的产业教育，提升渔民养殖技术和创业就业技能，从而实现贻贝"经验养殖"到"科技养殖"的发展。其次，应积极鼓励、扶持捕捞渔民的转产转业，返乡人员的养殖从业，各类科技人员、高校毕业生的就业、创业，实现养殖人员的"质与量"的拓展，加强涉海专业大专院校的青年骨干培养，提供政策扶持，资金鼓励，增强年轻人从事贻贝产业的信心和动力，也可实行定向培养，定向就业，缓解就业压力，为贻贝产业更新年轻血液，注入蓬勃活力，推动贻贝产业的健康发展。同时，应该构建一批专业人才服务团队，强化科技支撑。从政府、企业、合作社、养殖户、高校等各个层面选拔以水产引种选育、高效健康养殖、设施养殖、疫病诊断防控、环境生态保护、质量安全检测、市场营销等重点领域的优秀人才组建人才服务团队，在贻贝产业各个重要环节提供技术支撑。最后，嵊泗贻贝还应该借助好舟山市海洋新区建设的东风，加强国内外交流合作，积极引进高层次人才，打造建设"海洋人才基地"，加强贻贝养殖高新技术、贻贝产品的精深加工、冷链物流和贻贝生物医药等众多方面的能力建设和技术研发，引领贻贝产业发展新气象，促进渔业科技成果产业转化。除此之外，应继续加强浙江大学海洋学院、浙江海洋大学等院校涉海专业的教育，继续发挥浙江省海洋水产研究所、浙江大学海洋研究中心、舟山市水产研究所等科研院所的科研示范作用，持续保障贻贝产业人才资源供应，释放人才红利，协调贻贝产业的高新发展。

附　录

嵊泗贻贝大事记

1956 年春汛，枸杞乡石浦村渔民徐金福，在海岸岩礁上，人工移殖野生幼贝获得成功；次年夏汛，他又获得竹篮人工移殖野生幼贝苗试验成功。

1973 年，嵊泗县水产局借鉴广东省海丰县抛石养殖翡翠贻贝经验，采集野生厚壳贻贝苗，进行港湾筏式人工养殖，放养 2.5 亩，亩产 3.8 吨；

1974 年 10 月，从辽宁省大连市引进紫贻贝幼苗 2.5 万千克，在枸杞、嵊山等地的海域试养，总面积 2.73 公顷。翌年，产紫贻贝 92.15 吨，获利 10324 元，试养贻贝成功。

1977 年春，嵊泗县水产局科技人员在浙江海洋水产研究所的帮助下，在枸杞进行贻贝人工育苗试验成功。

1978 年 8 月，浙江省水产局在枸杞公社召开贻贝养殖现场会。会后省科委拨款 10 万元，在枸杞岛里西岙建造一座 100 立方米水体紫贻贝人工育苗室，至翌年 10 月，育出稚贝 0.9 亿颗。

1992 年 10 月，枸杞冷冻厂生产的 16 吨小包装速冻保鲜贻贝首次打入上海、杭州、宁波等地市场。该技术填补了我国贻贝速冻保鲜空白。

2001 年 1 月，枸杞乡获浙江省海洋与渔业局授予的"贻贝之乡"称号。

2002 年，枸杞乡被评为浙江省万亩贻贝养殖示范区；华利水产有限责任公司通过 HACCP 质量体系认证。

2003 年，在嵊泗县海洋与渔业部门的配合下，由养殖企业组织开展野生厚壳贻贝工厂化人工育苗技术攻关；4 月，舟山市妇联科技致富讲师团邀请的市海洋与渔业局养殖专家徐克细、舒云华深入枸杞乡，为 70 多名养殖妇女讲授贻贝养殖知识。

2005 年，建设嵊泗县双万亩贻贝产业化基地。同年 4 月，为加快贻贝产业化基地建设，嵊泗出台新增养殖面积每公顷补助 1500 ～ 3000 元的办法；并在嵊山海域进行贻贝抗风浪深水试养。

2005 年 7 月 13 日，召开嵊泗县厚壳贻贝人工育苗产业化现场会。浙江省海洋与渔业局渔业处处长孙国荣和科技处处长陈畅、技术推广总站副站长宋王琍专程到会；7 月 21 日，第二届中国·嵊泗贻贝文化节开幕式在望海广场举行。

2005 年嵊泗建立浙江省第一个贻贝良种场；同年 11 月，嵊泗县第一个农业综合多种经营项目——贝藻套养产业综合开发启动，新增养殖 66.67 公顷贻贝和裙带菜，年加工鲜销贻贝 4000 吨，裙带菜 1000 吨。

2006 年 7 月 18 日，第三届中国·嵊泗贻贝文化节开幕式在基湖沙滩举行。

2007 年，"嵊泗贻贝"通过了国家商标局的评审，成为全国首个海洋水产品地理标志集体商标；同年，嵊泗贻贝产品获国际农业博览会金奖、浙江省渔业博览会金奖；被认定为浙江省绿色农产品、优质无公害产品和浙江省名牌产品。

2008 年，嵊泗县被农业部列为贻贝产业化养殖基地和优质高效示范地；嵊泗贻贝养殖海域被农业部评为一类贝类生产区；华利水产有限责任公司的贻贝通过有机产品认证；嵊泗县海渔局和科技局组建的技术攻关团队成功攻克了厚壳贻贝人工育苗的难题。

2009 年，嵊泗县科技局积极组织实施省科技富民强县专项——贻贝产业提升工程，推进贻贝苗种、贻贝安全高效规模化养殖、贻贝精深加工技术集成等 6 项科技项目。

2010 年，嵊泗贻贝养殖基地被命名为国家级有机食品生产基地；"嵊泗贻贝"被世界知识产权组织国际局获准在韩国注册成功。同年 8 月举办了以"蓝色嵊泗生态之旅"为主题的第六届中国·嵊泗贻贝文化节。

2011 年，嵊泗华利水产有限责任公司研制引进了全自动贻贝脱壳生产线。

2012 年，"嵊泗贻贝"通过国家质检总局的审查，获国家地理标志产品保护；嵊泗县东海贻贝科技创新服务有限公司申报的嵊泗市级厚壳贻贝良种场，顺利通过专家验收，这是嵊泗首家市级水产良种场；"嵊泗贻贝"首次出口毛里求斯。

2013 年，嵊泗被中国渔业协会授予"中国贻贝之乡"称号；"嵊泗贻贝"首次输往香港和挪威。

2015 年，嵊泗两家出口企业成功获得对俄罗斯注册，嵊泗贻贝出口俄罗斯通道再次打开，截至 2015 年底出口国家地区已达 30 个，覆盖全球各大洲。

后　记

　　本书从策划、编撰、定稿到成册，历经了三年的时间。笔者精心撰写并数次修改完善，最终付梓，在此，对各方的大力支持及付出的辛勤劳动表示深切的感谢。由于篇幅有限，笔者囿于学识，不足之处敬请读者批评指正。

　　本书由舟山市"十三五"海洋经济创新发展示范项目"海洋生物制品制备全技术链产业公共服务平台"（国海科字〔2016〕496号）和浙江省重点研发项目"典型贝类加工废弃物资源化综合利用与联产技术研究——贻贝加工废弃物高值化利用技术及产品开发"（NO.2018C02043）资助出版。

编　者